Coloring Book for Adults: A French Theme:

Coloring Books for Adults with French Relaxing audio
Authored by Frederic Bibard,
Illustrated by Ann Velvetsky

ISBN-13: 978-1533245267
ISBN-10: 1533245266

Contents

Foreword

*T*rust me, this isn't just another run of the mill coloring book. You can find those anywhere. While coloring books of all kinds and themes are overflowing elsewhere, this special coloring book takes relieving stress a step further. This kit provides a complete, innovative approach at relaxation. It includes an exquisite coloring book as well as ASMR (Autonomous Sensory Meridian Response) recordings of ten French tales for nighttime.

Part 1. Daytime Relaxation with the Coloring Book

France has always been an endless source of fascination to many. Its awe-inspiring monuments, striking landscapes, diverse culture, rich history, delectable cuisine, and countless other intriguing facets continue to captivate people across the globe, bringing flocks of tourists into its shores year after year.

France has a little special something tucked away for everyone, waiting patiently to be discovered. Through this coloring book and its artfully designed illustrations, you will be able to enjoy the picturesque details France has to offer and interpret it using your own array of colors and your own vibrant imagination.

This adult coloring book encourages you to bring the beauty of France to life while discovering your inner artist. Fall in love even more deeply with this gem of a country, and with each swipe of color, become intimately acquainted with its little marvels and secrets.

Part 2. Nighttime Relaxation with ASMR Recordings

By day, you have your coloring book to take your stress away and by night you can listen to French tales which have been recorded using the breakthrough ASMR method. ASMR or Autonomous Sensory Meridian Response is a phenomenon that first grew on social media sites like YouTube. It is described as a euphoric experience triggered by listening a particular type of audio. The result is ultimate relaxation like you've never felt before. Using ASMR, you can listen to 10 recorded French tales such as Sleeping Beauty and Puss in Boots. (Also included is an English version of the stories.)

Storytelling is widely used as a way to get kids to sleep. Adults can benefit from this same method! To make nighttime storytelling even more effective for relaxation, the use of ASMR treats you to a relaxing experience on a higher level. Each audio recording is a different length. Combined, they make up two hours in length. Pick one that suits your mood and time frame and it will be perfect to lull you to sleep in a most extraordinary way.

Both the French and English version of the tales are provided at the end of the book. You may access the links and download the audio there.

A Brief Review of French History

The Beginning

50,000 years ago, primitive men dwelt in caves that they adorned with paintings, and lived as hunter-gatherers, then as farmers. The Gauls then arrived, bringing with them iron tools and weapons. They built communities in hill forts and the area became known as Gaul.

The Romans arrived and conquered between 58-51 BC, and eventually, the Gauls began to adapt to Roman language and culture, infusing it with its own. But as the Roman Empire began its decline, sometime in 400 AD, Franks (a Germanic tribe which later lent its name to France), entered Gaul and settled there.

The French Kings

The first dynasty of Frankish kings, known as the Merovingians, ruled France until they were overthrown by the Carolingians. In 800 AD, Charlemagne, a Carolingian king, was crowned by the pope as emperor.

The death of Charlemagne led to the signing of the Treaty of Verdun in 843, dividing the empire into three parts. The western section soon evolved into what is now modern France.

Power changed hands between several noble families. The struggle continued on to the Middle Ages, until the end of the 15th century when France finally became a centralized kingdom. In the 16th century, however, France was rocked by religious civil wars and epidemics.

"L'état c'est moi" (I am the state)

17th century France saw the power of the French king growing toward an absolute monarchy. While science and art flourished in this period, France was involved in many expensive wars and was racked by turmoil. Louis XIV later revoked the Edict of Nantes, which granted religious toleration to the Protestants. Famines hit between the late 1600s to early 1700s. Toward the end of the king's reign, France's economy spiraled downward.

The Enlightenment, The Revolution, The Terror, and Napoleon

In the 18th century, the numbers of the middle class rose and the age of rationalism began. The traditional mindset changed and known thinkers, such as Voltaire and Diderot, encouraged rationalist thinking.

These and other factors paved the way for the overthrow of the monarchy during the French Revolution in 1798, which was followed by a turbulent time marked by bloodshed known as the Reign of Terror.

About ten years after the Revolution, Napoleon Bonaparte seized control of the country. A military genius, he waged several wars, and conquered most of Europe until he was defeated in the Battle of Waterloo.

Recent History

France suffered huge losses in World War 1, and came under Nazi control during World War 2 until it was liberated by the allies, who installed Charles de Gaulle as provisional president.

To date, France continues to be one of the leading powers in Europe and the world. Its citizens enjoy a high standard of living, and are deeply proud of its language and culture, its significant contributions to art, philosophy, and science, and of course, its beautiful country that has been enriched by a long and colorful history.

French Culture

*F*rench culture is shaped by several factors including its rich history, profound events, and geography, as well as varied internal and external influences. Through the centuries, France has played a huge role in cuisine, fashion, cinema, philosophy, literature, music, and various arts.

Today, French culture is diverse and characterized by both regional variations and unified national culture. It continues to thrive and is embraced not only by its citizens, but by Francophiles and enthusiasts all across the world.

French Cuisine

French food enjoys a solidly outstanding reputation—and for good reason. Food is celebrated in France, where each ingredient is carefully picked, its preparation meticulously followed, and each dish savored with relish. Eating is not just a way to fuel up; it is an experience in itself, and part of a daily ritual to be enjoyed with people you love.

While there are popular dishes that are considered part of the national cuisine, there are others that are unique to every region in France. Each region boasts of a different specialty featuring the best ingredients and freshest produce from the area. This includes wide varieties of cheeses and wines, making French cuisine full of delightful surprises.

Today, we see a strictly traditional French cuisine that preserves the established standards, as well as a modern and creative approach to non-traditional flavors, both of which have influenced and won the palates of the world many times over.

Famous Landmarks

*T*he entire country is dotted with historical buildings filled with centuries of stories to tell. Every monument and building—from the Eiffel Tower, the Arc de Triomphe, the Notre Dame de Paris, the Palace of Versailles, the Cité de Carcassonne, Les Invalides, the Catacombs, to the thousands of notable castles is not only impressive and breath-taking, but also part of the lovely tapestry that forms the intricate history of France.

Paris alone has some of the world's most recognizable landmarks, with the Eiffel Tower as the most-visited monument in the world. In Provence, you will find natural sights such as the Calanques and the Gorges du Verdon. It is also home to historical places like the Pont du Gard and the Palais des Papes in Avignon.

Another major destination in France is the Loire Valley with its numerous castles that embellish its countryside including the Château de Chenonceau, Châteaux d'Amboise, Chambord and Ussé. The historic towns of Nantes, Orléans, Tours, Chinon, Angers with their architectural heritage, are also located in this beautiful valley.

Bordeaux, on the other hand, is home to 362 historical sites, second only to Paris in number. Here you'll find buildings that date back to Roman times and majestic 18th century architecture. These are but a few on the massive list of landmarks and points of interest you can find in France.

Famous Events

*F*rance has its share of prominent events year round—be it related to fashion, cinema, food, art, sports, or music. The French love festivals and you'll always find events dedicated to various aspects of culture.

- **Tour de France**: This remains to be the most well-known cycling competition in the world, and is one of the most anticipated events each year. The world's best cyclists make their way across 3,600 kilometers of beautiful French countryside and picturesque medieval villages to compete in a 3-week event.

- **Cannes Film Festival:** This prestigious festival gathers the best and brightest stars to honor and celebrate outstanding films.

- **Bastille Day:** This national holiday in France is celebrated annually to commemorate the storming of the Bastille prison in 1789. Marked by elaborate celebrations, parties throughout the country, and magnificent fireworks displays, Bastille Day is one of the most renowned French events.

- **Fête de la Musique:** Held in June every year, Fête de la Musique is a street festival where everyone comes to dance, sing, dine, and drink. Not only is it a great way to celebrate summer, it is also an opportunity for musicians—new and seasoned alike—to shine.

- **Festival d'Avignon**: This annual arts festival showcases various forms of art including dance, theatre, music, and cinema. It is set in Palais des Papes and other locations within Avignon.

- **Les Chorégies d'Orange:** Dating back to 1860, this is the oldest French festival that honors the art of opera. This event, held in the southern city of Orange, gives many the opportunity to travel back in time, complete with a Roman stage as its impressive backdrop.

Now that you have learned about France, including a brief review of its history and culture, we hope you will enjoy and better appreciate your experience with this coloring book.

Merci beaucoup,

Frédéric BIBARD, Founder of TalkinFrench.com

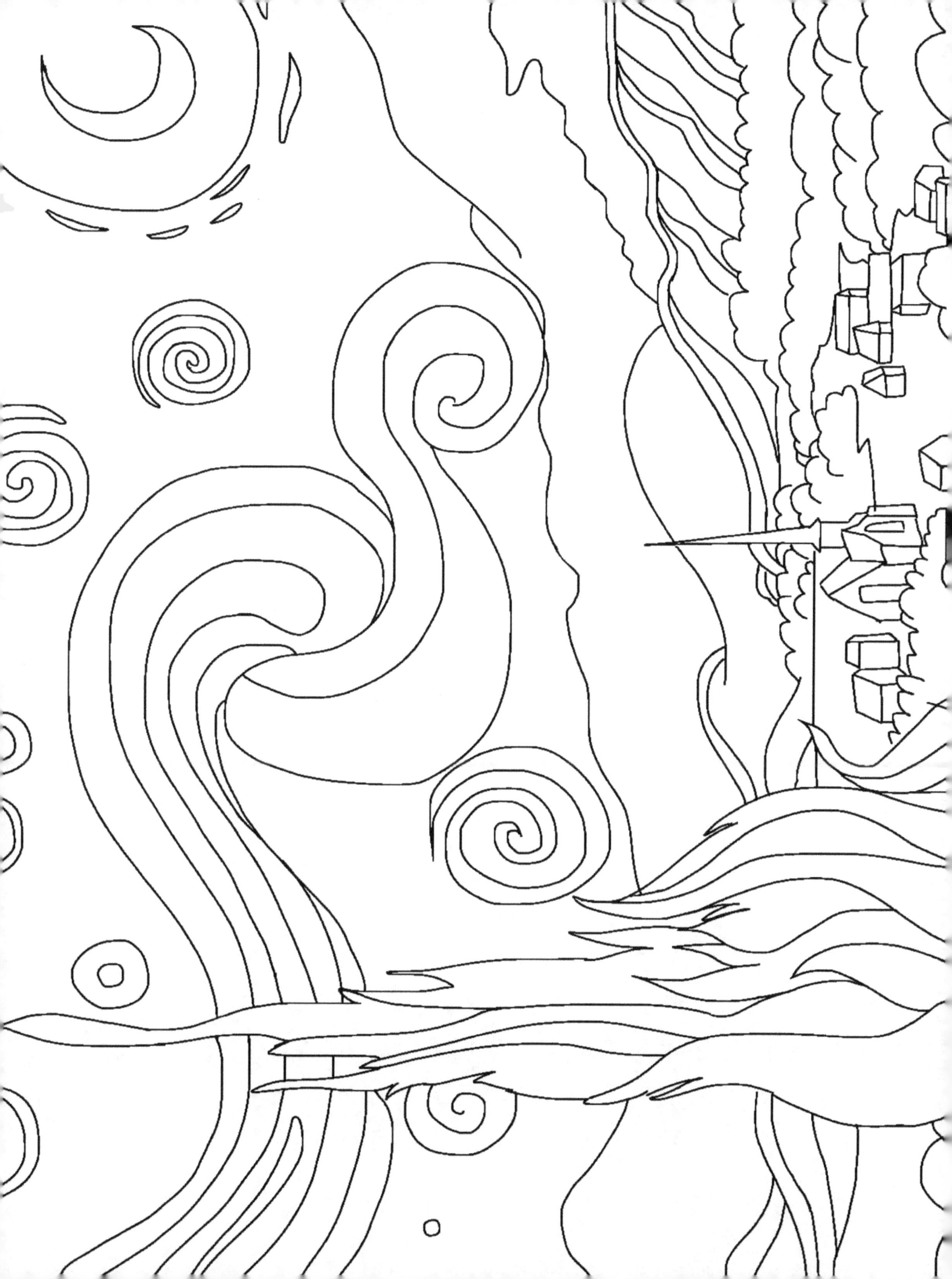

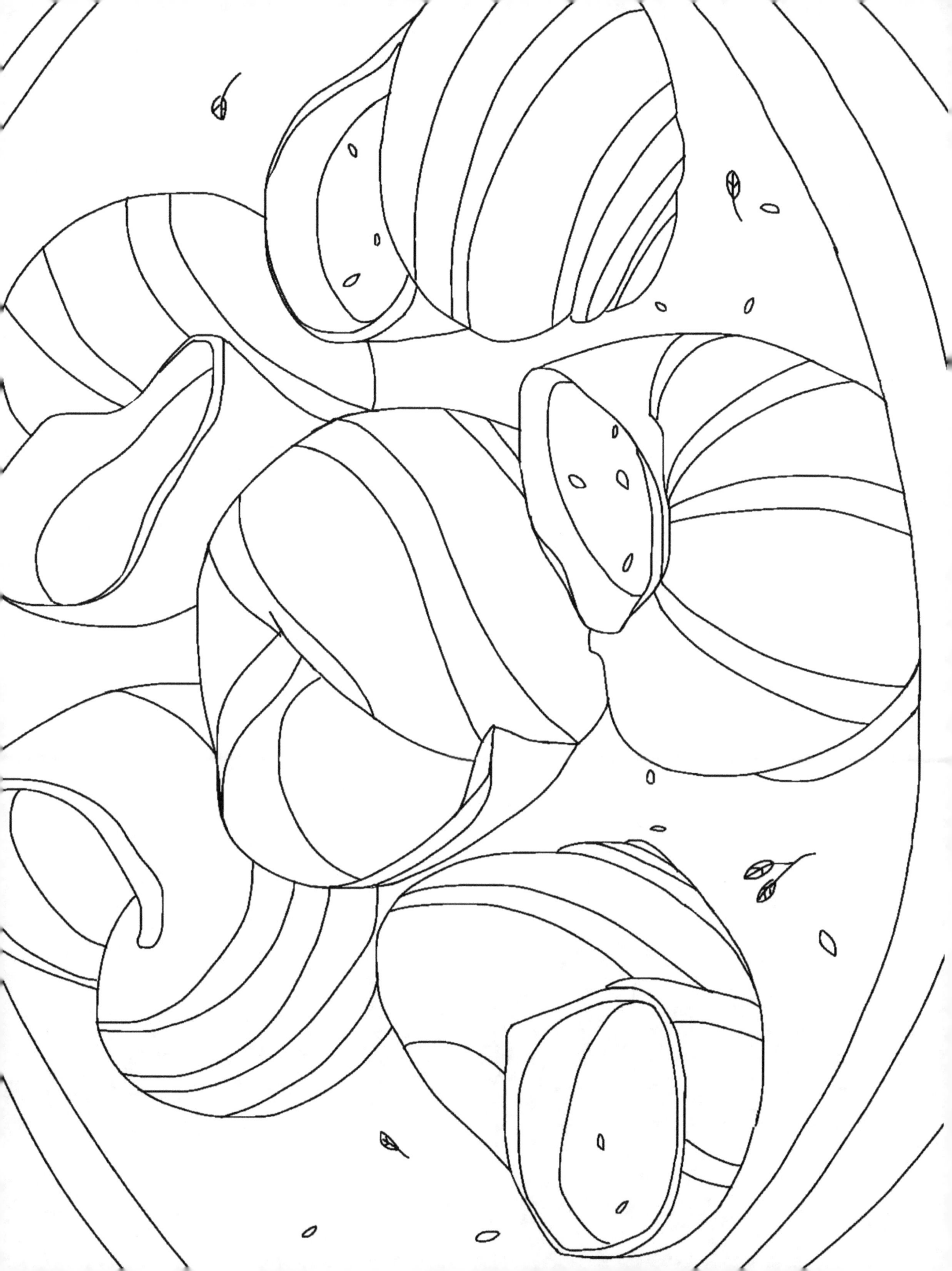

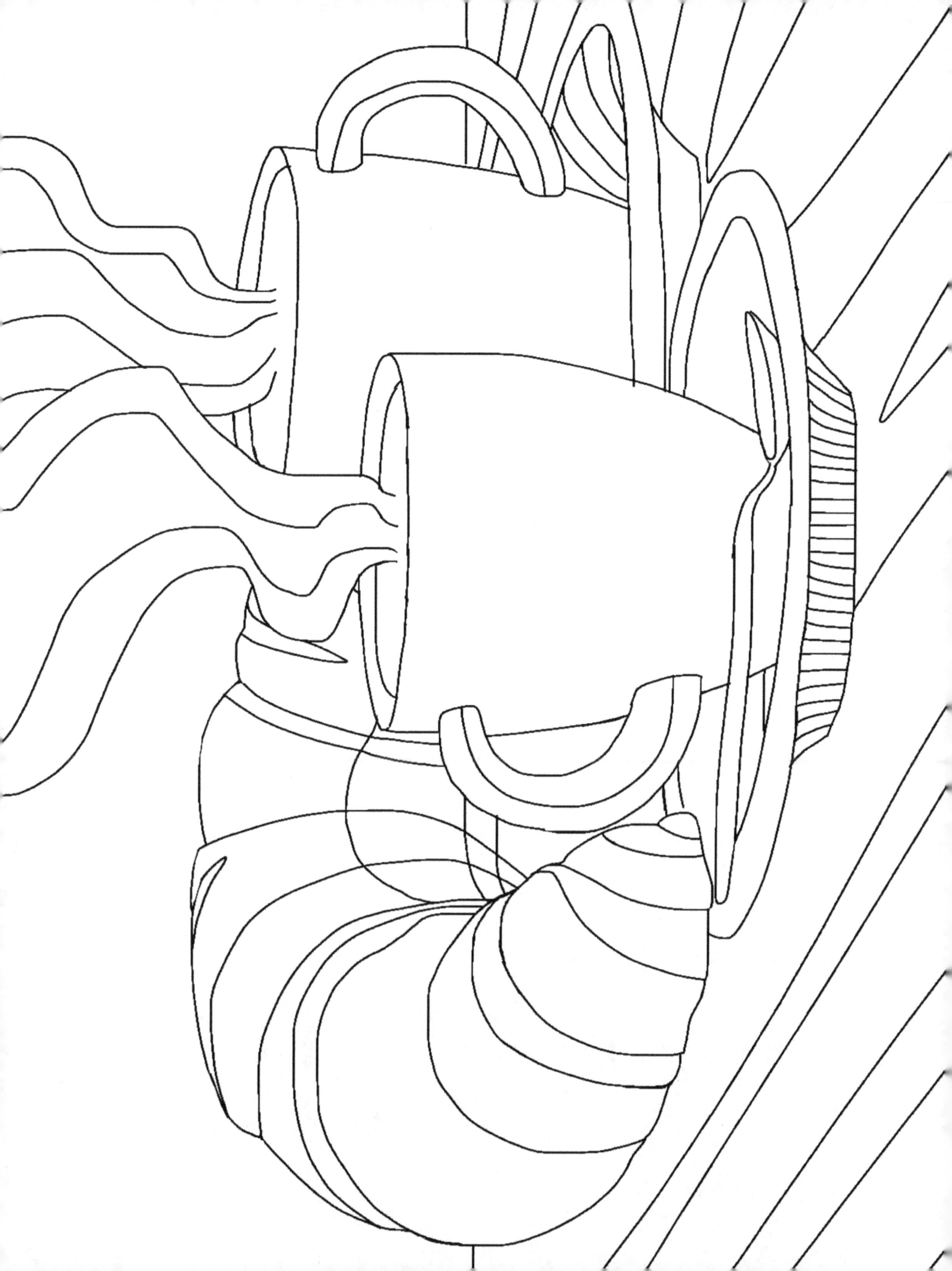

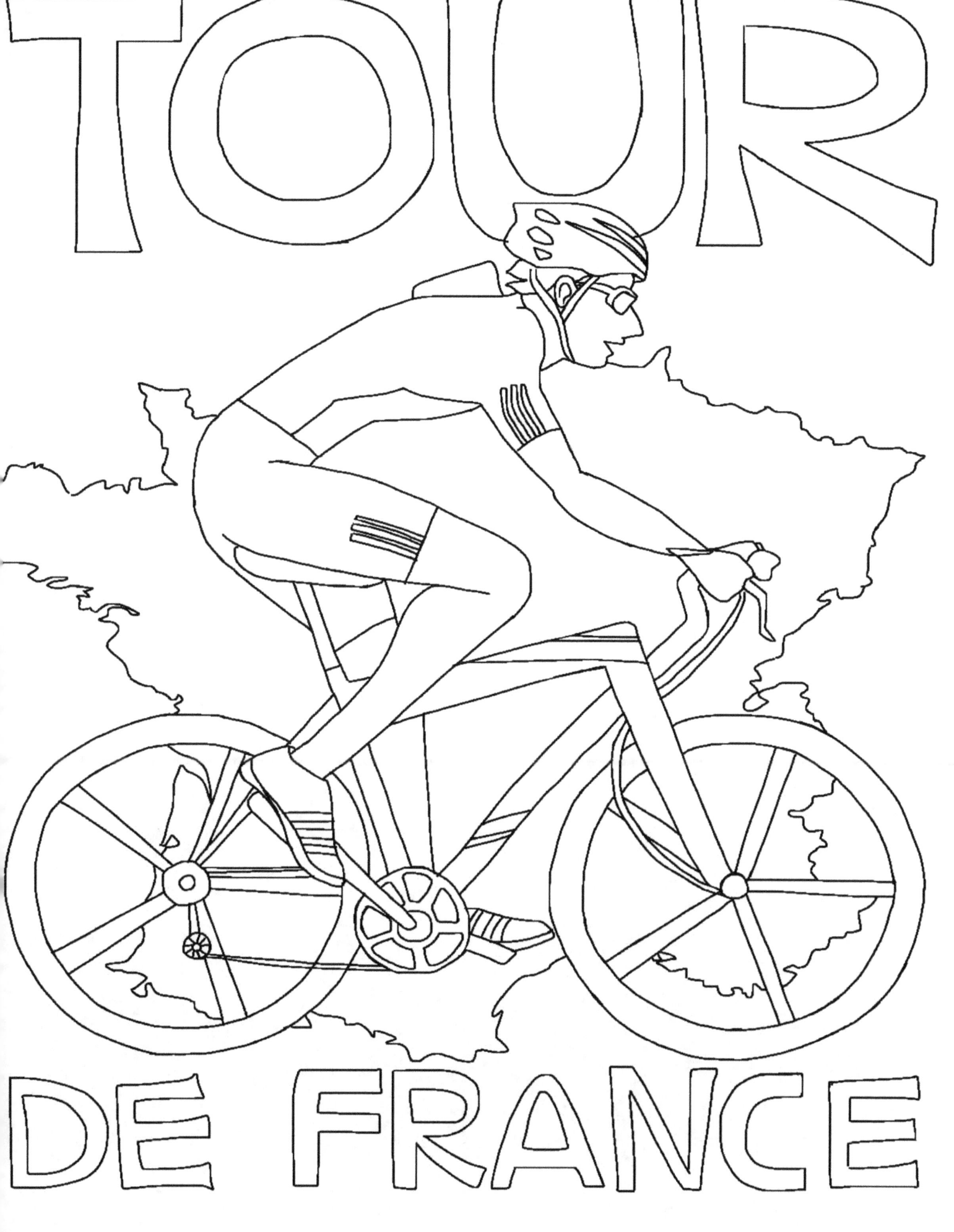

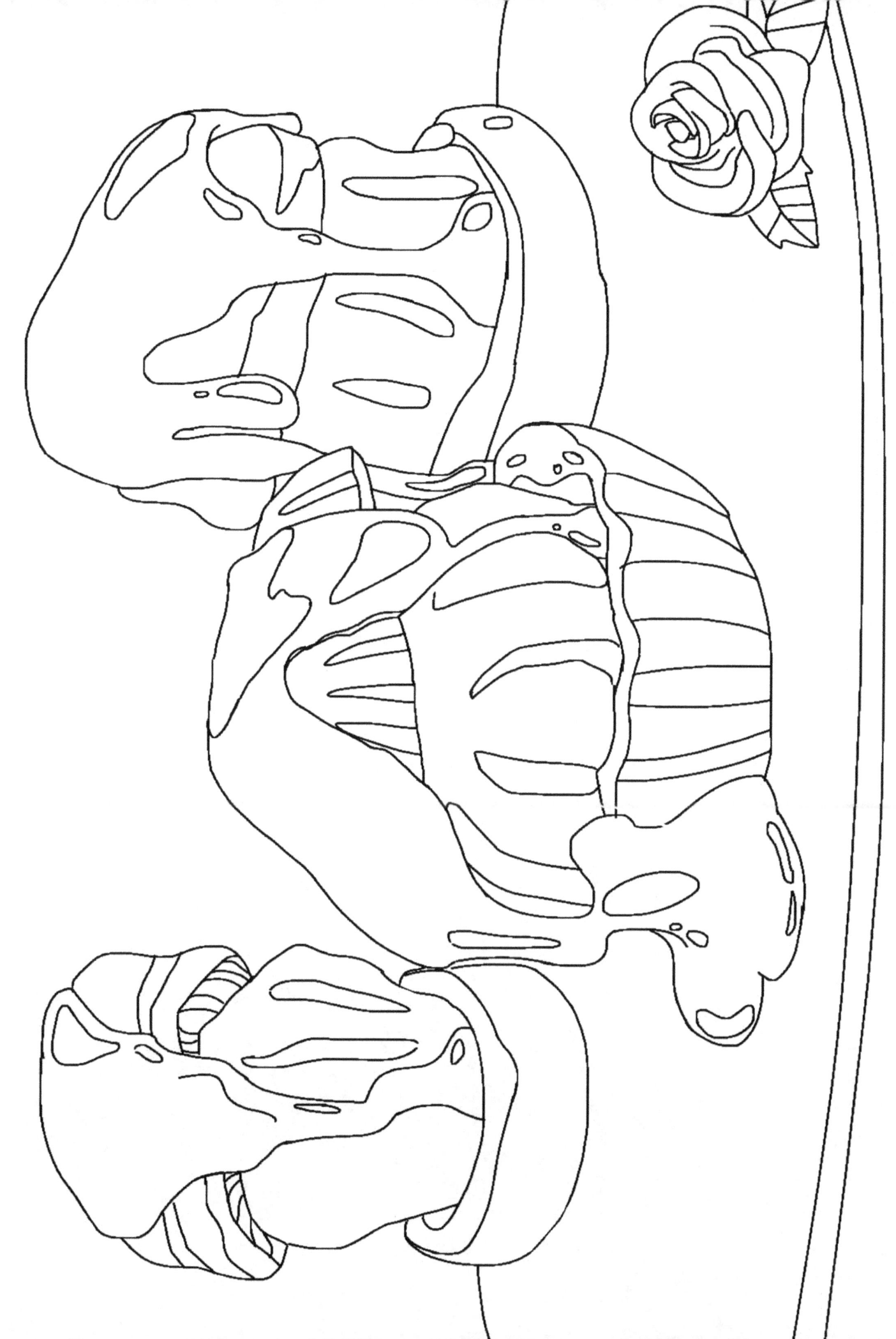

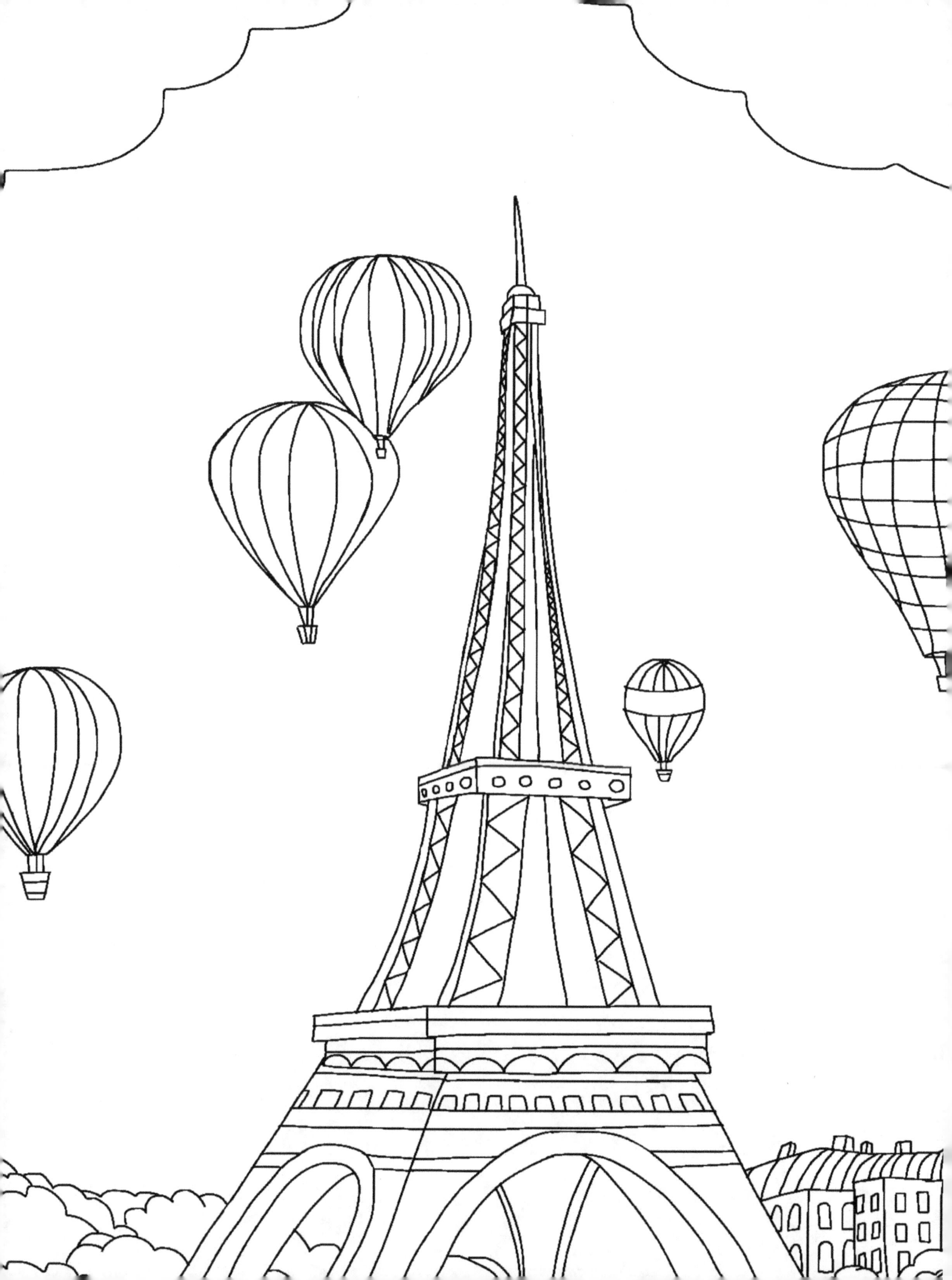

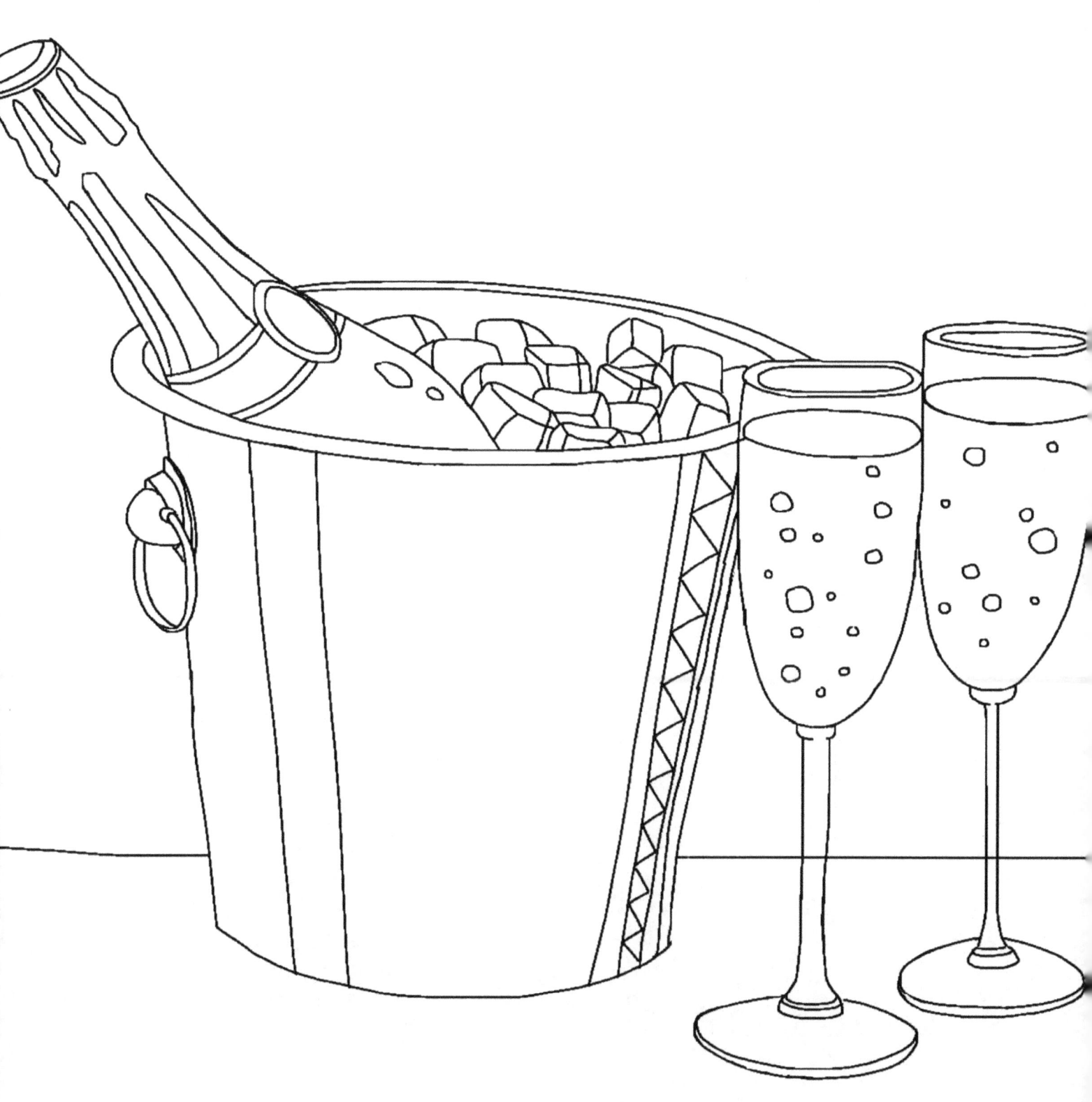

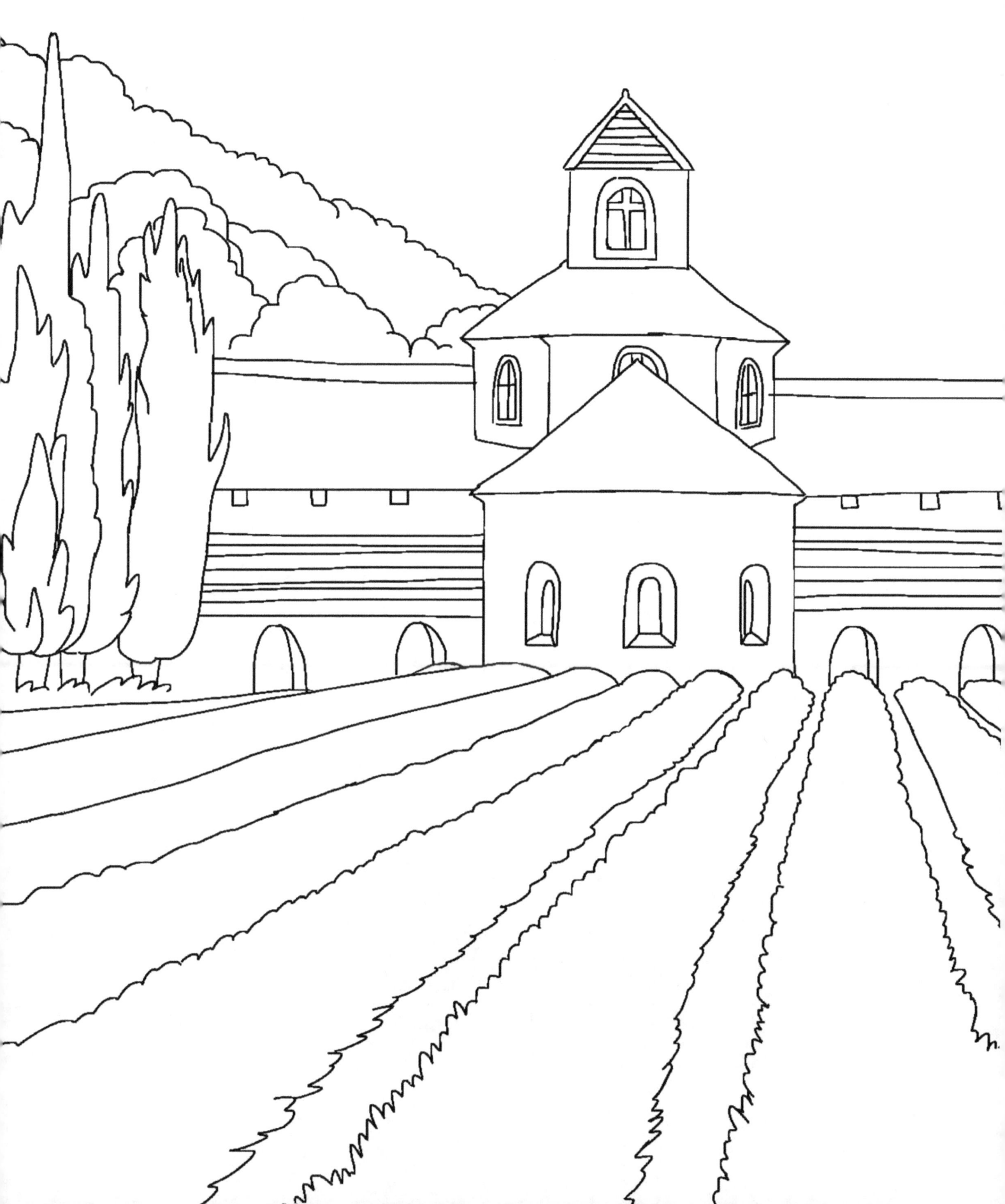

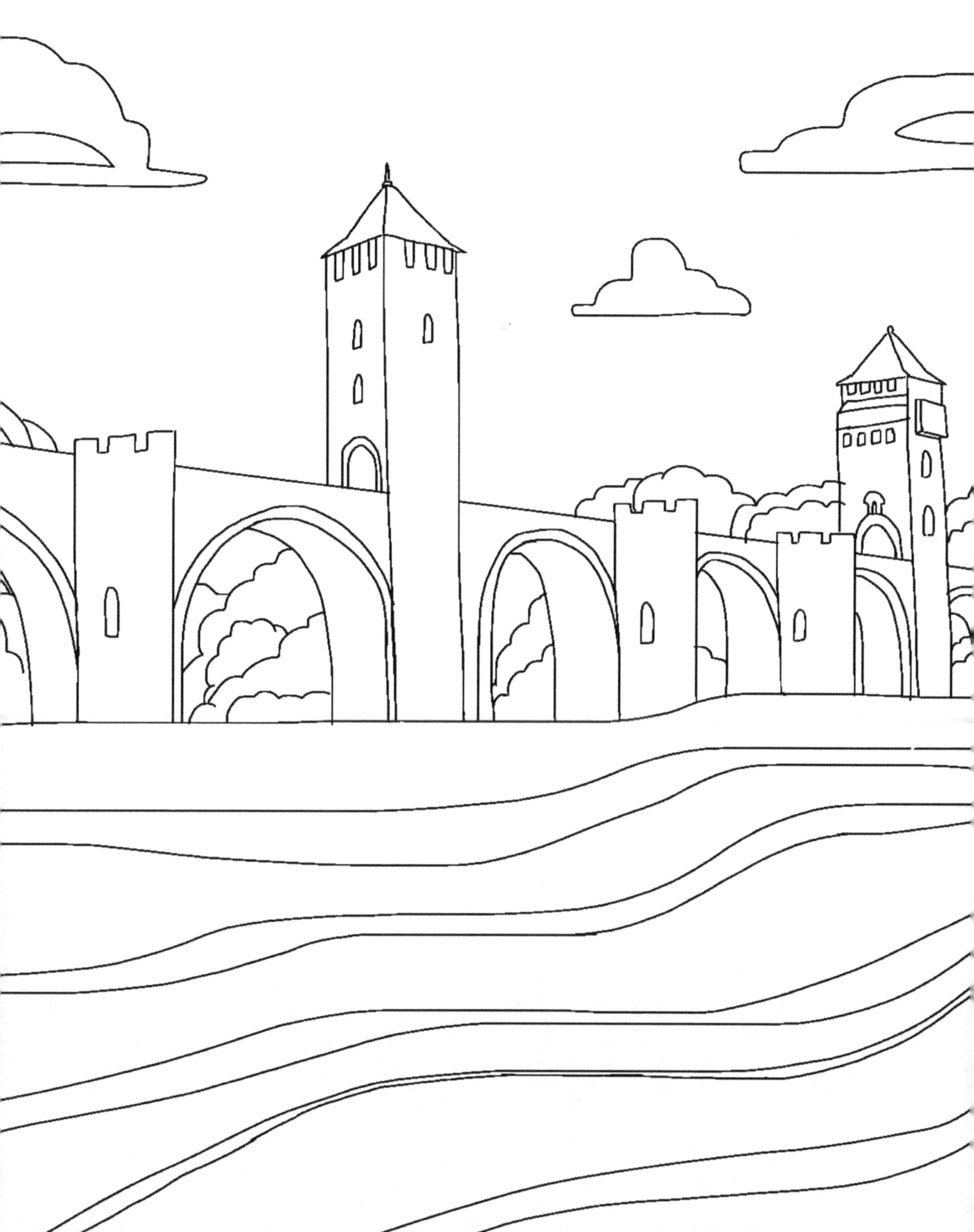

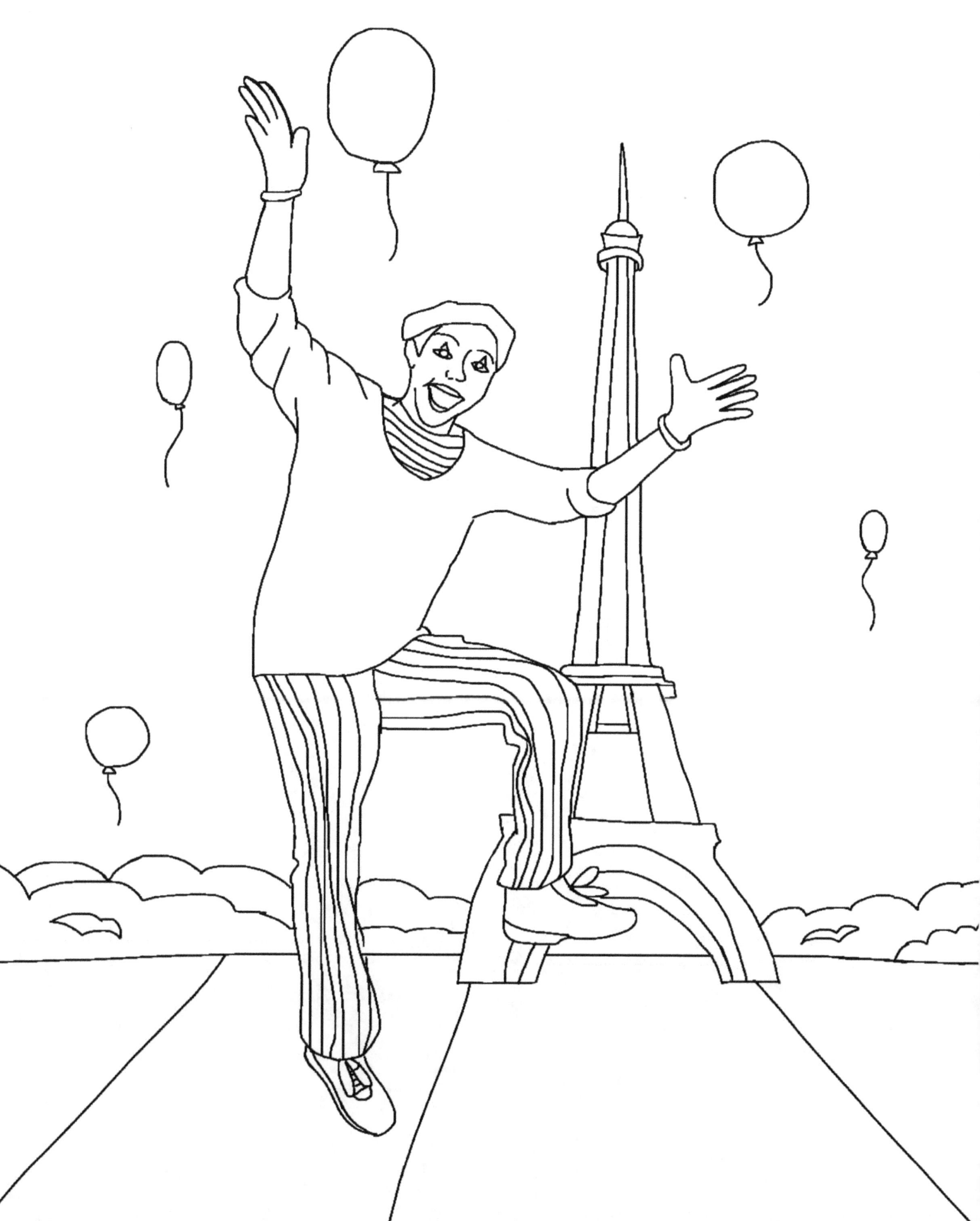

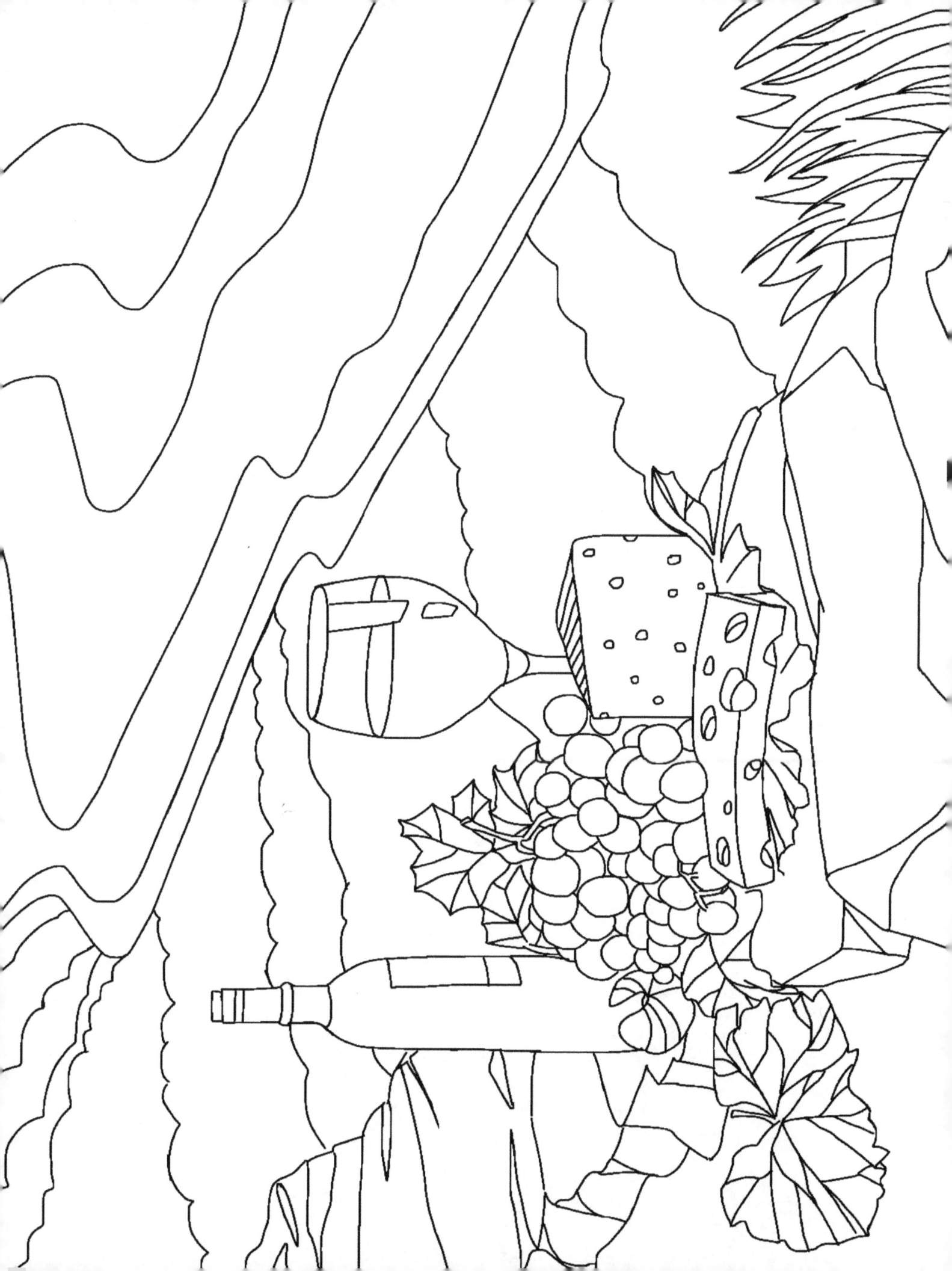

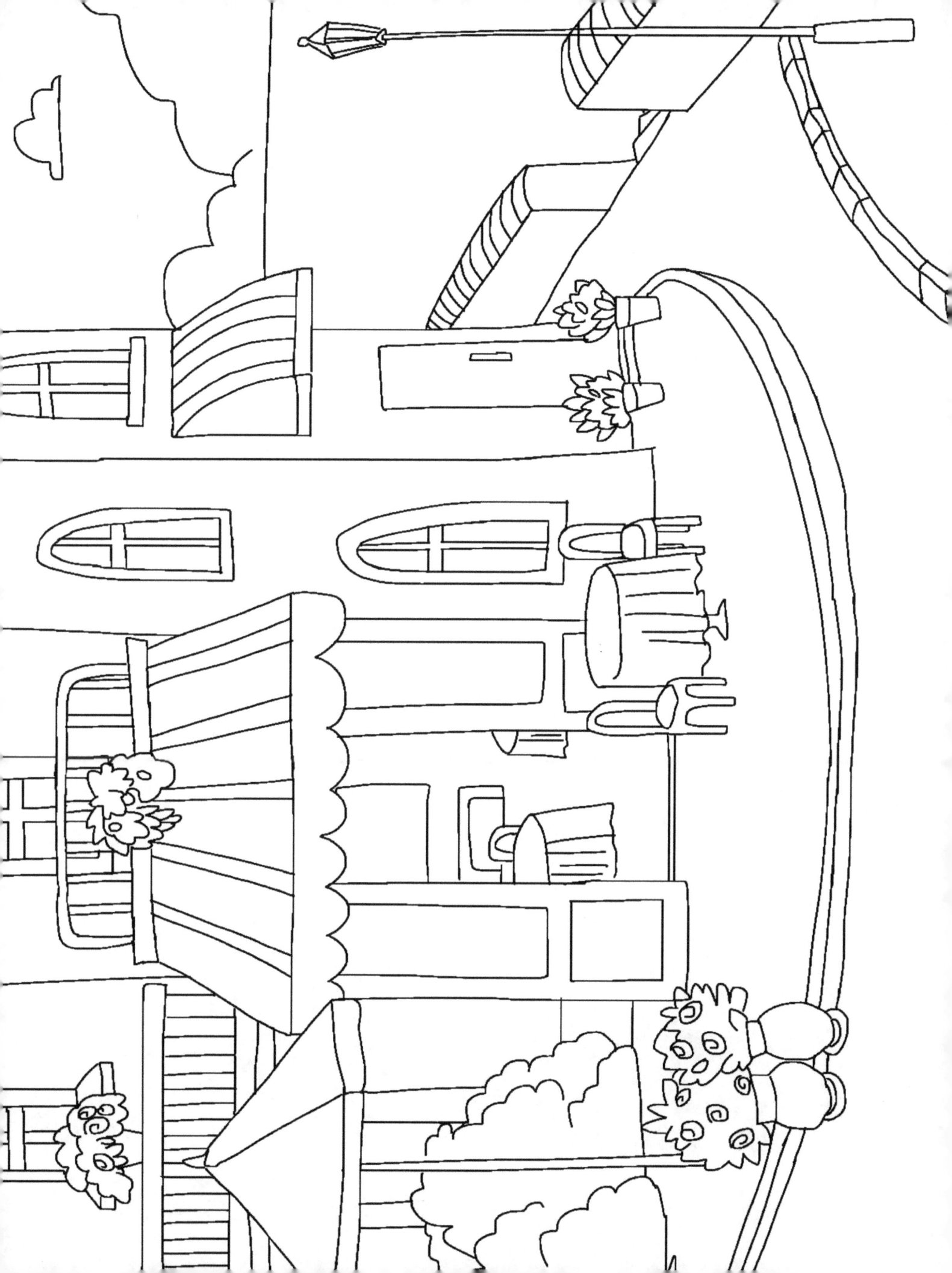

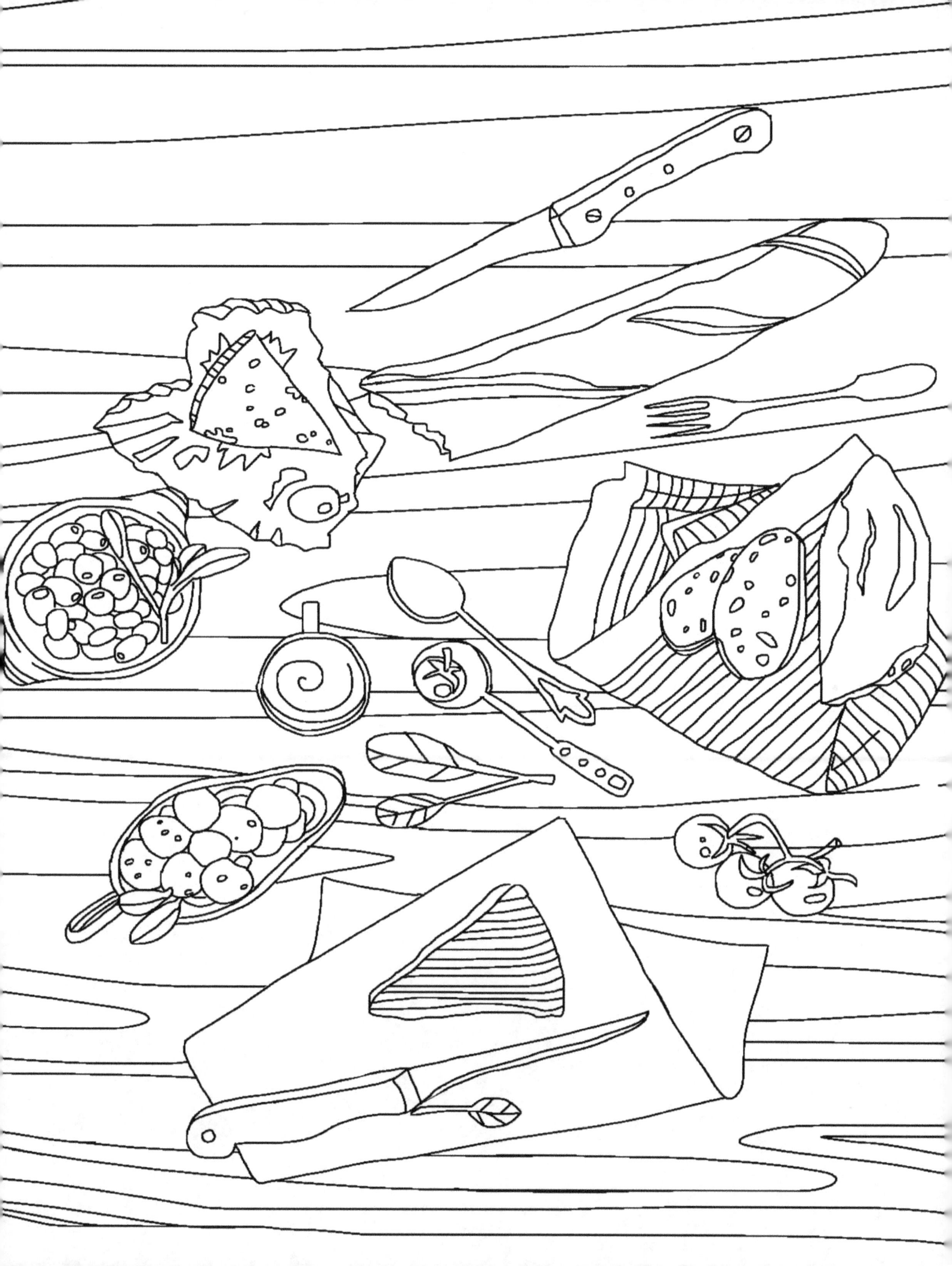

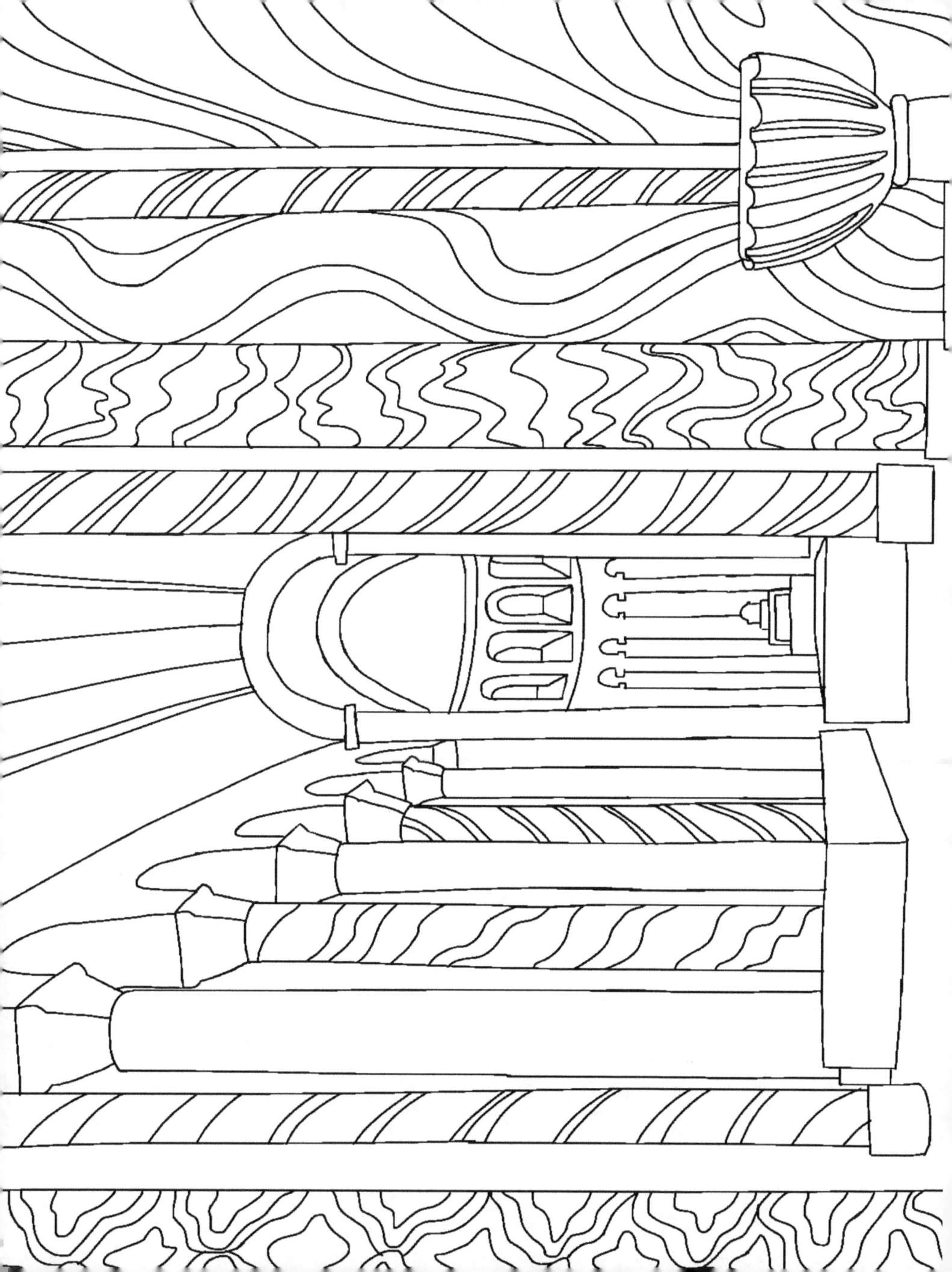

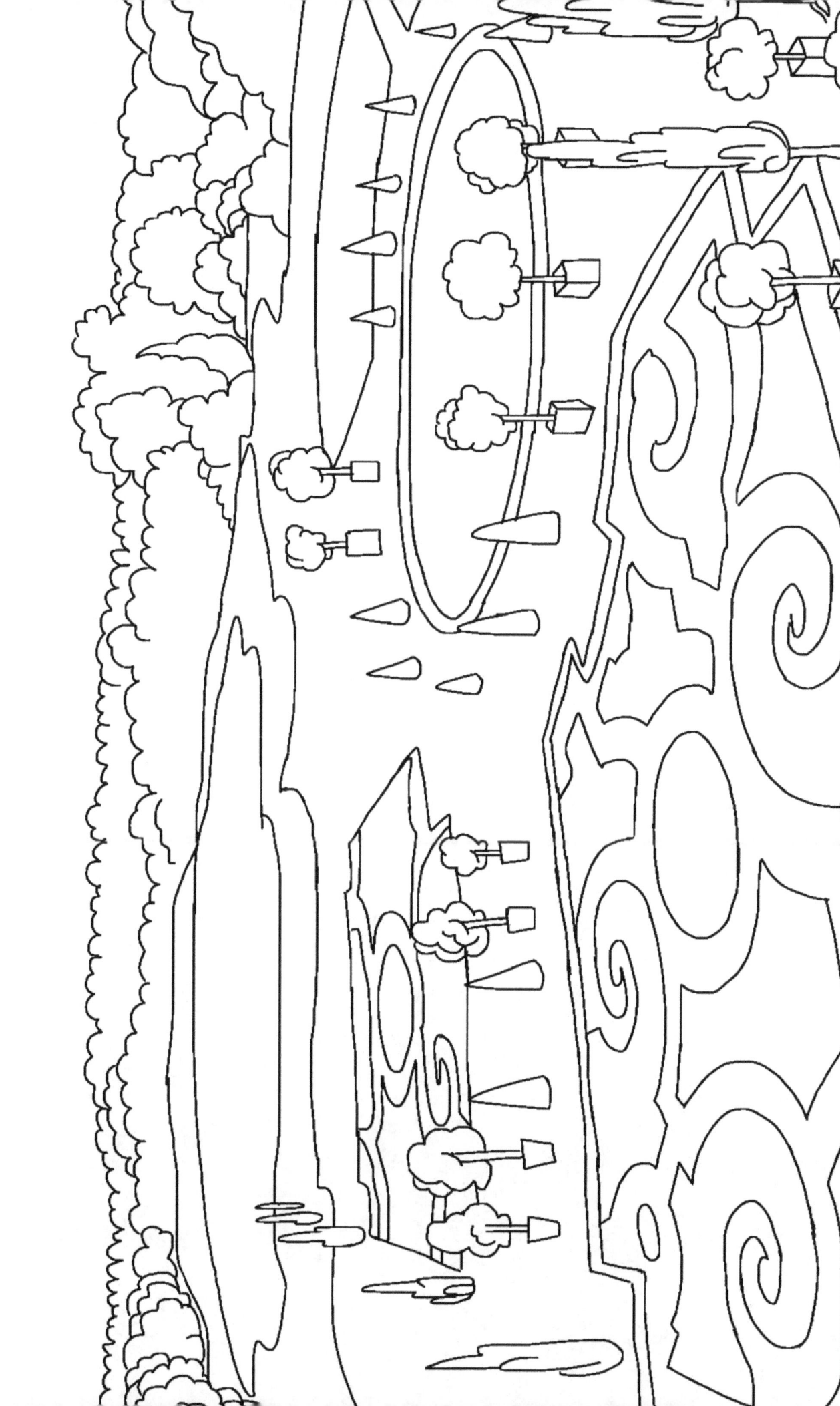

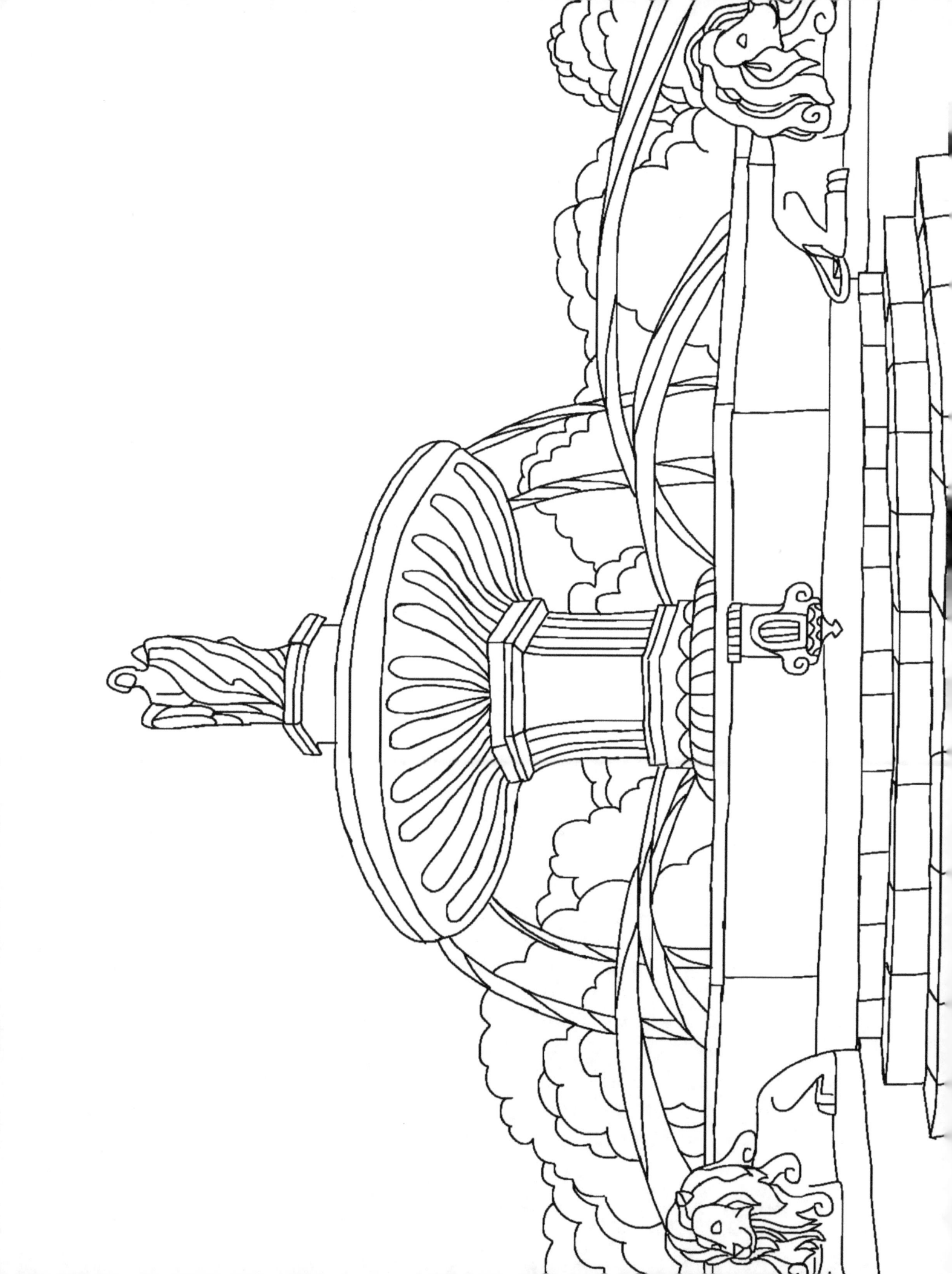

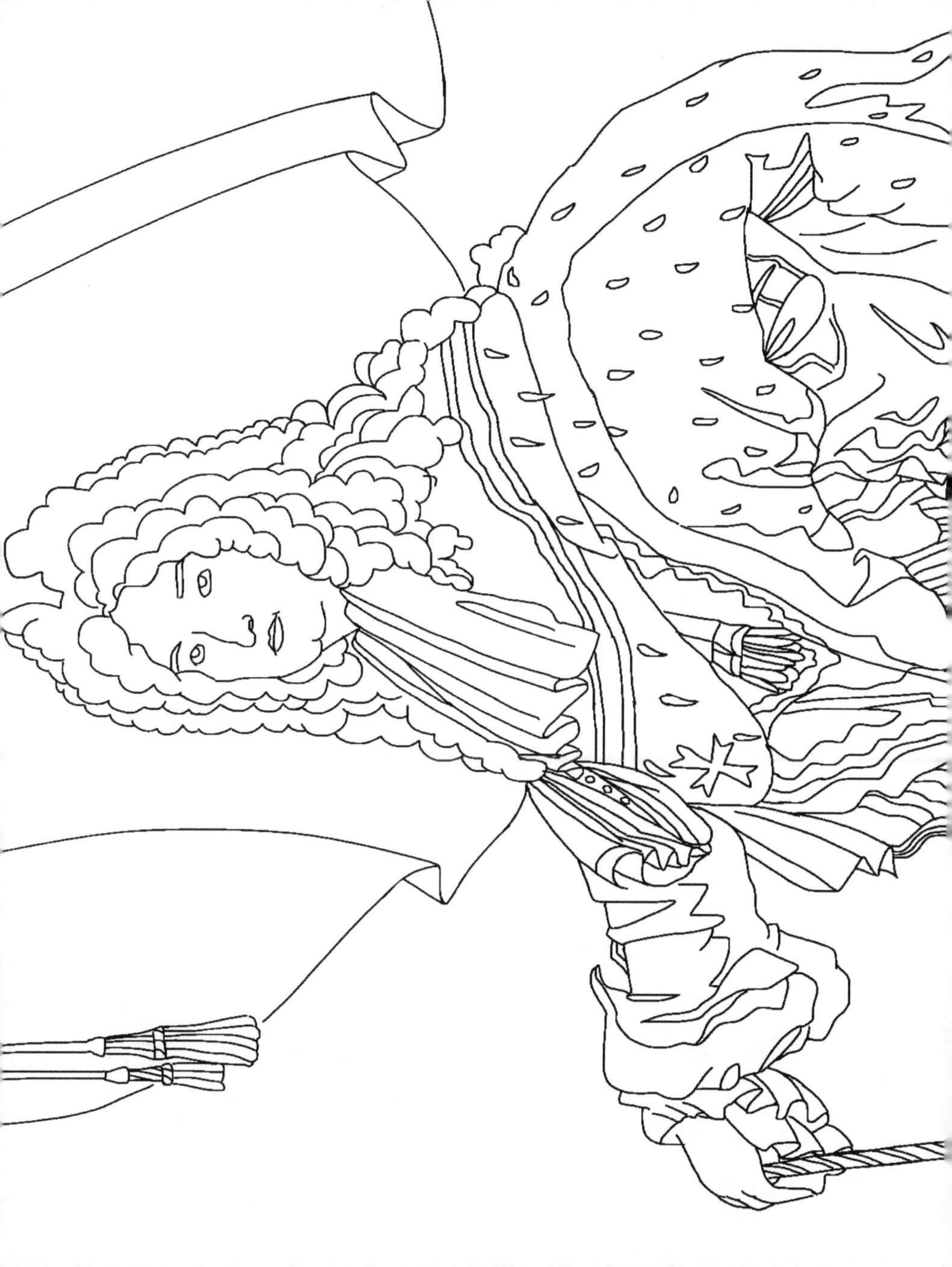

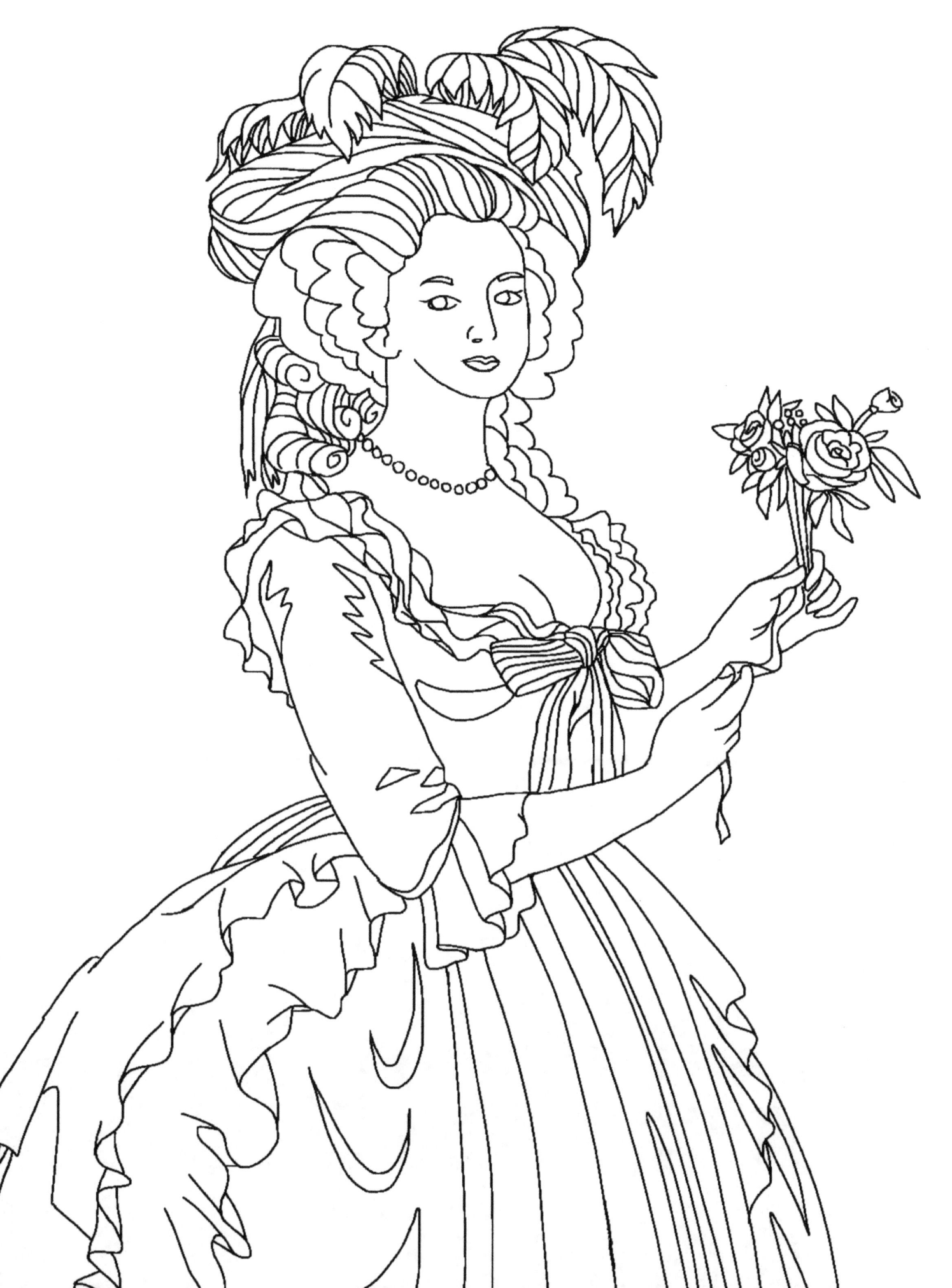

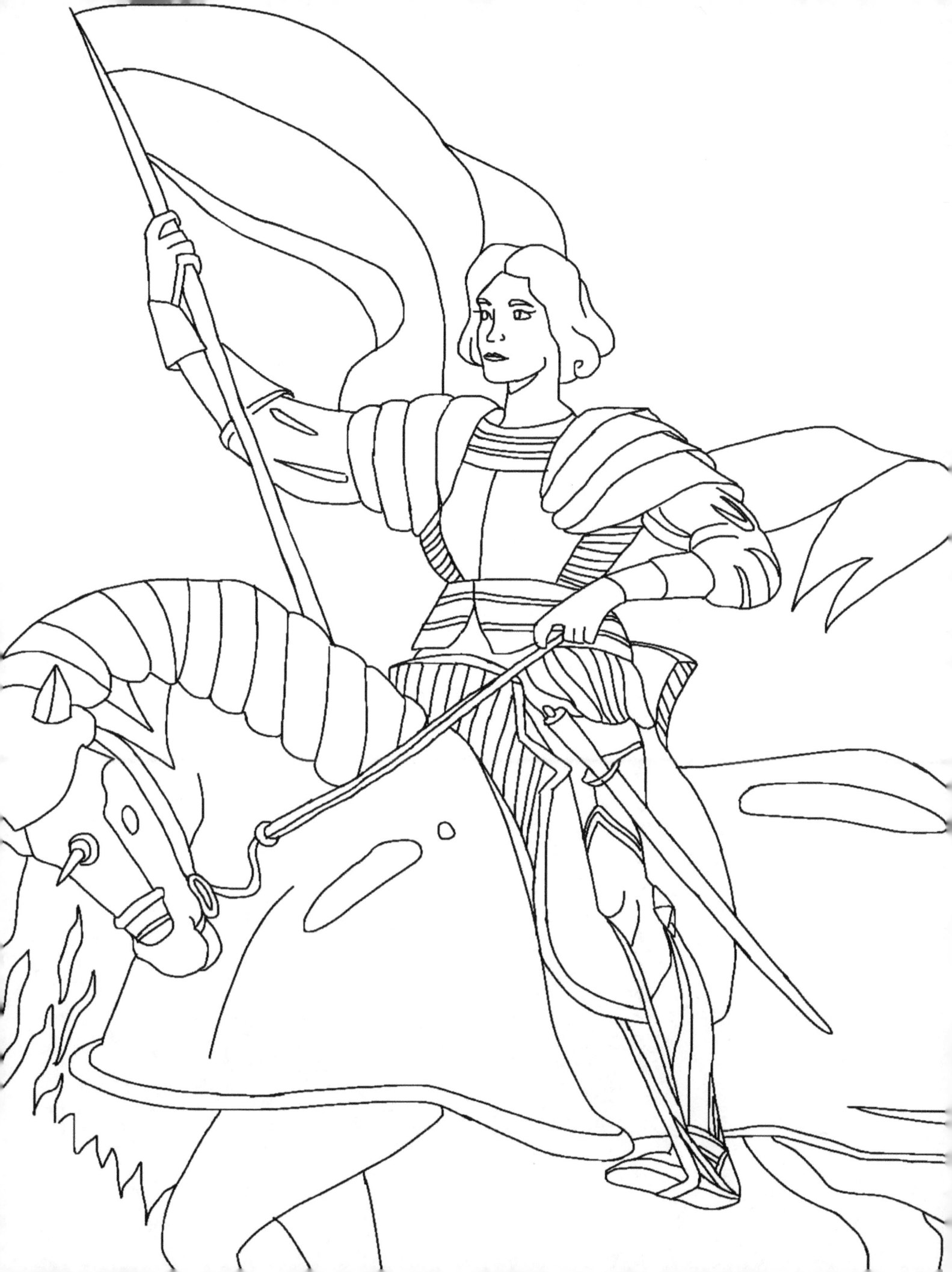

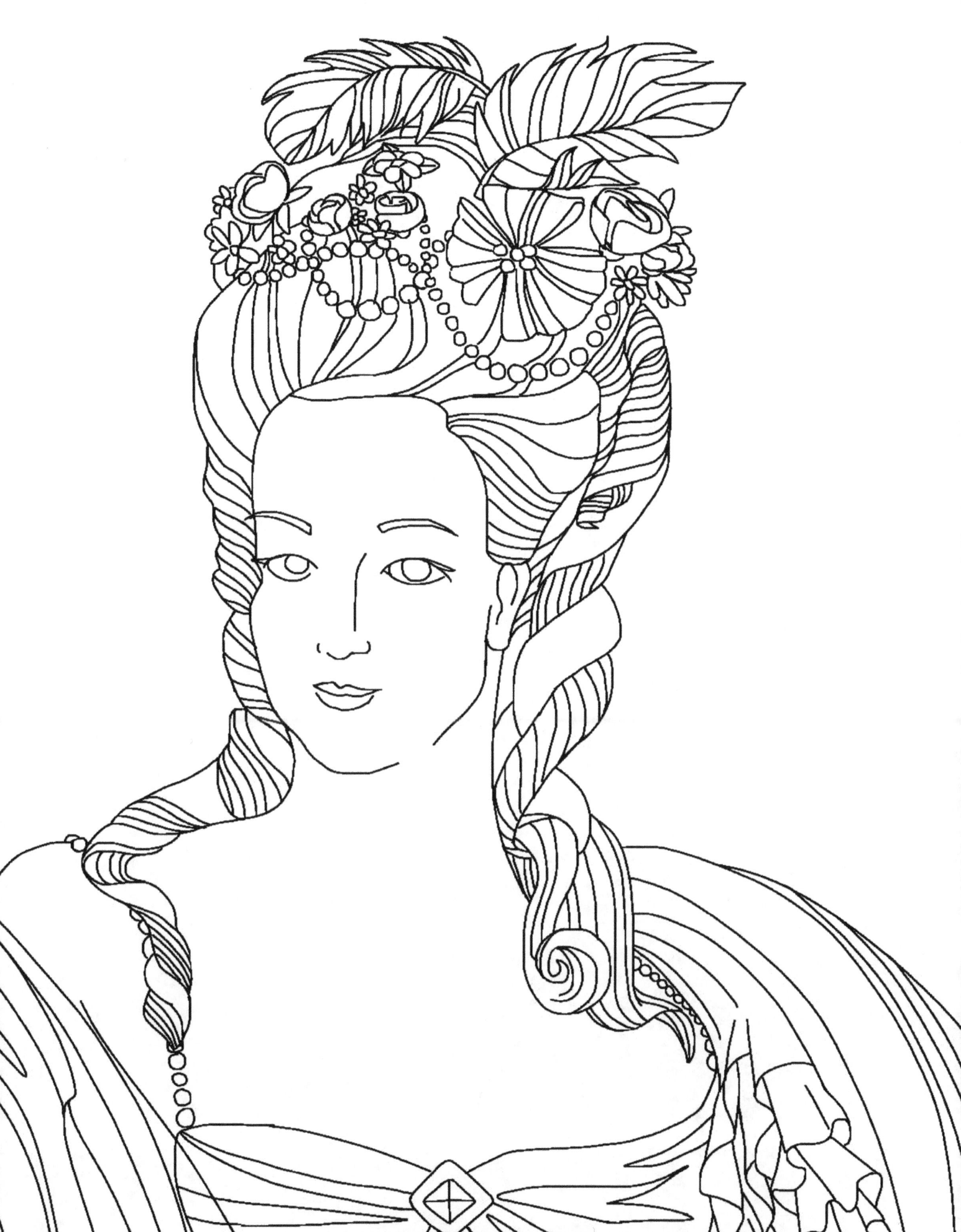

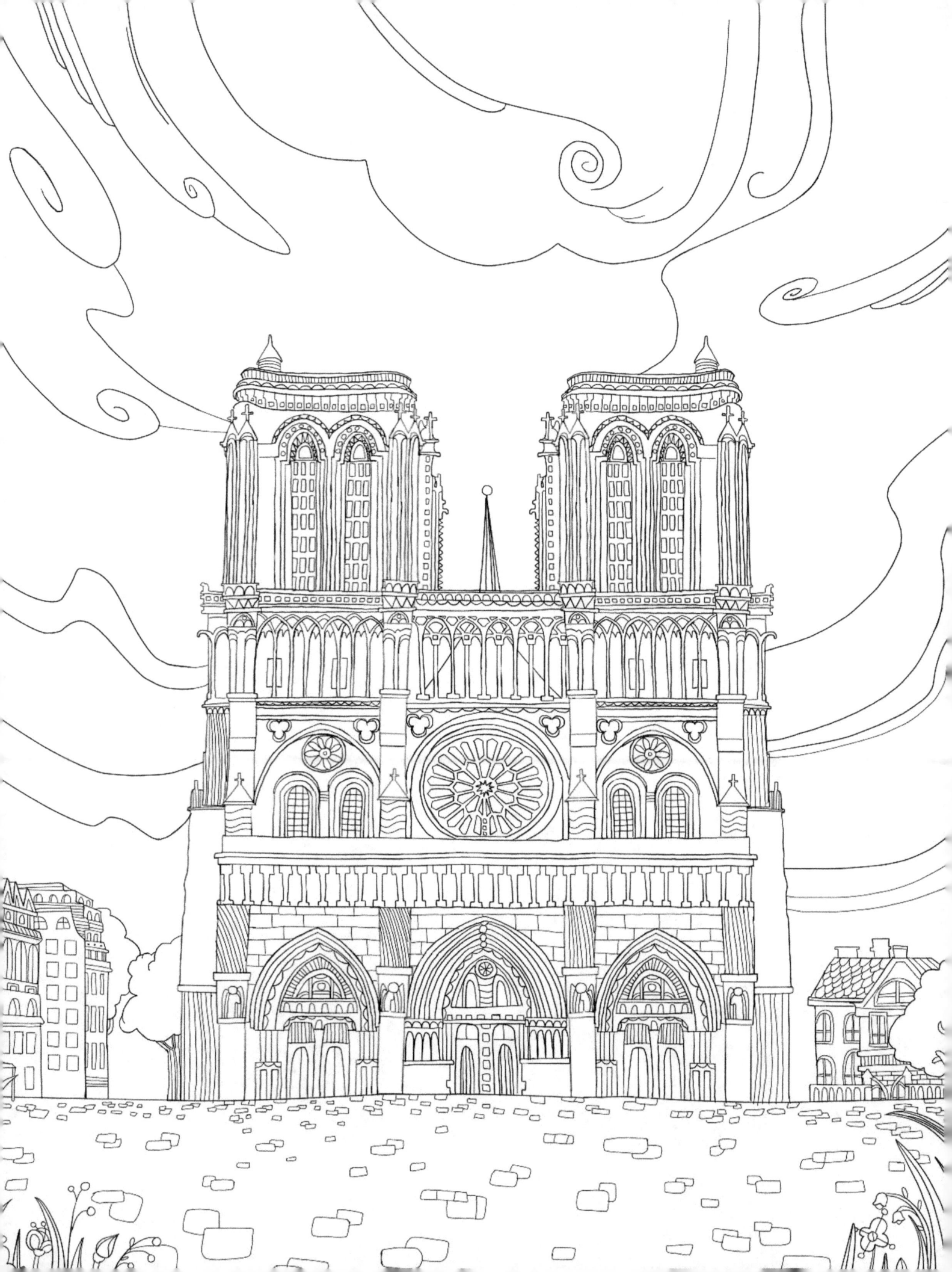

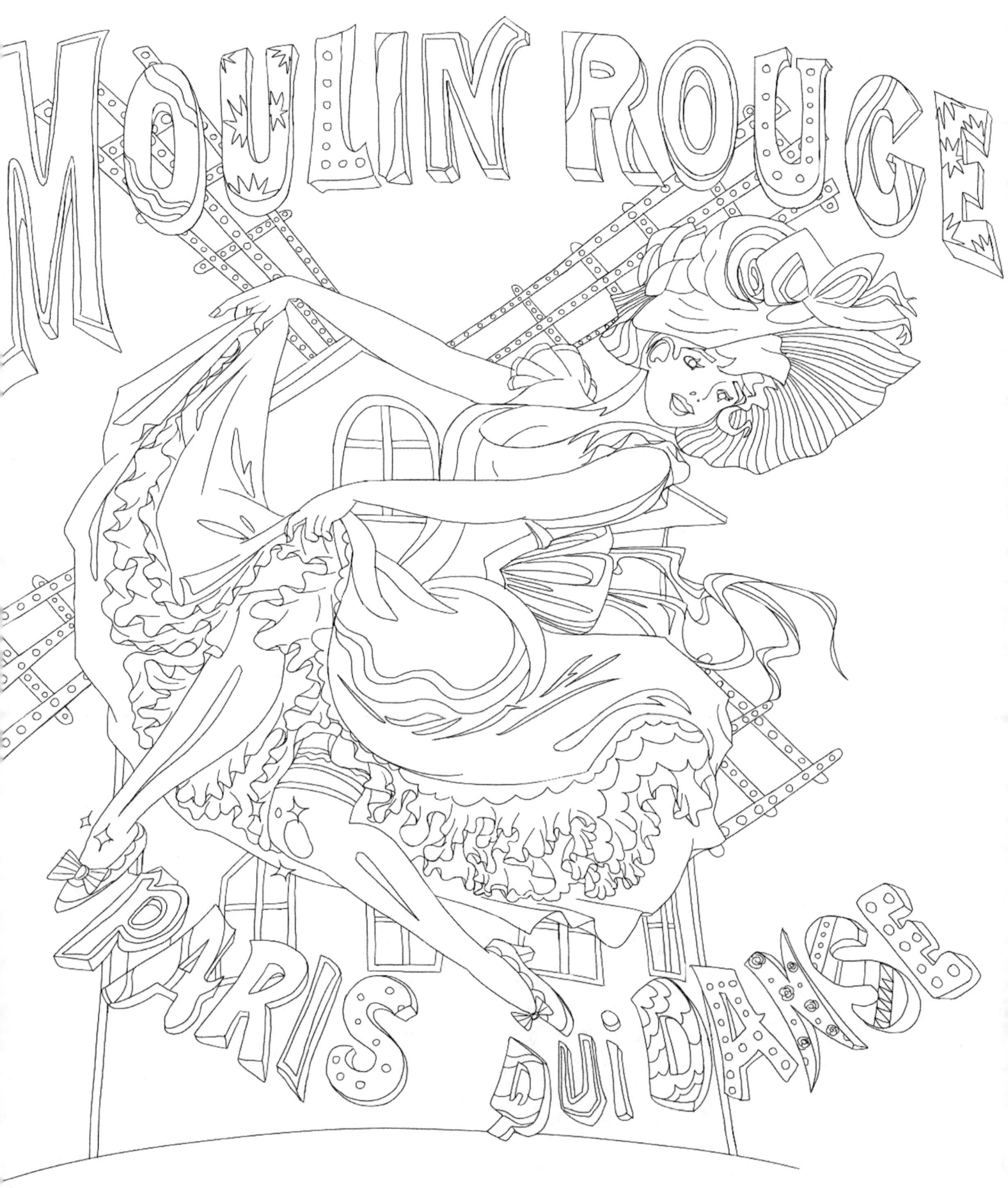

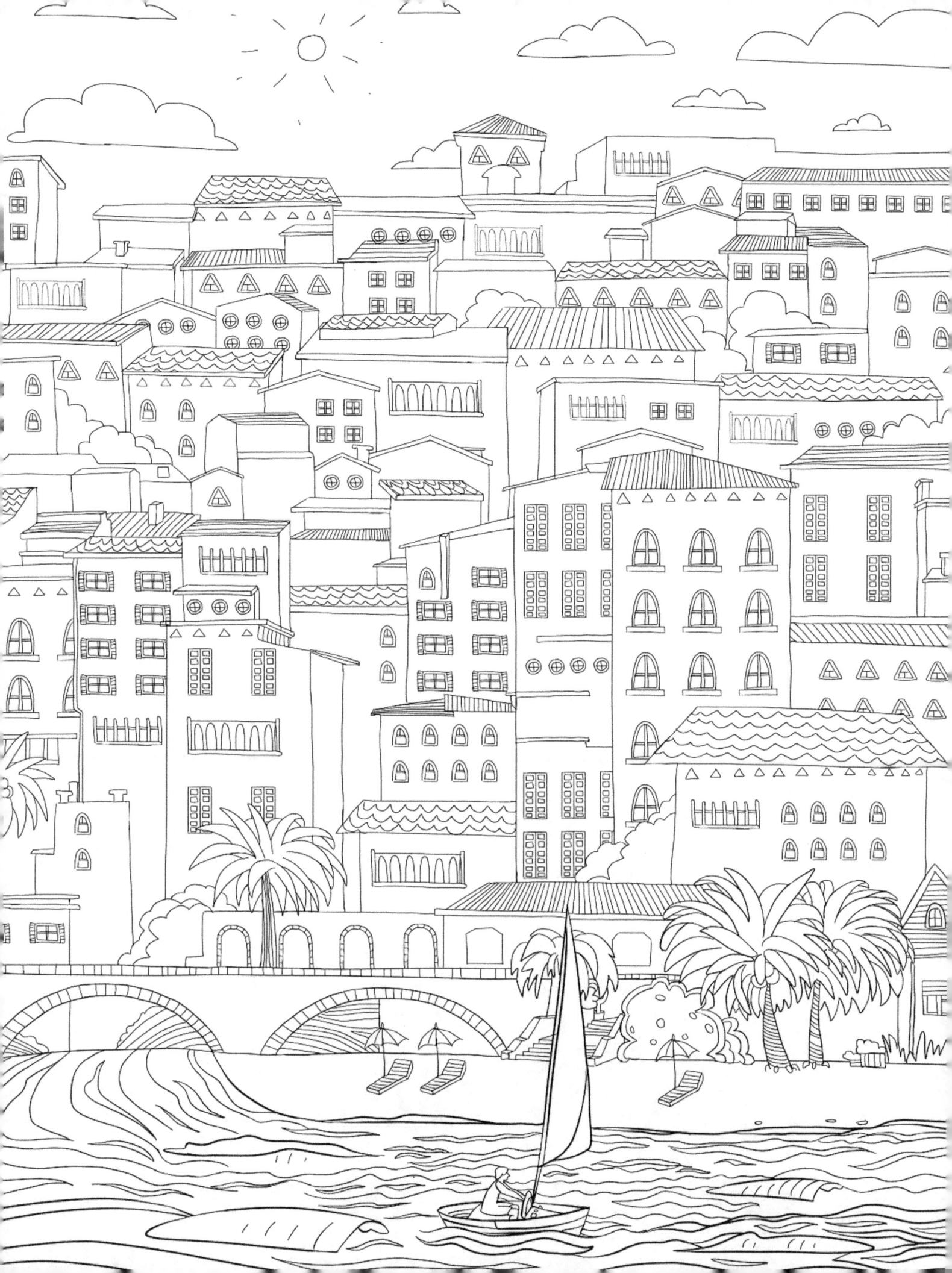

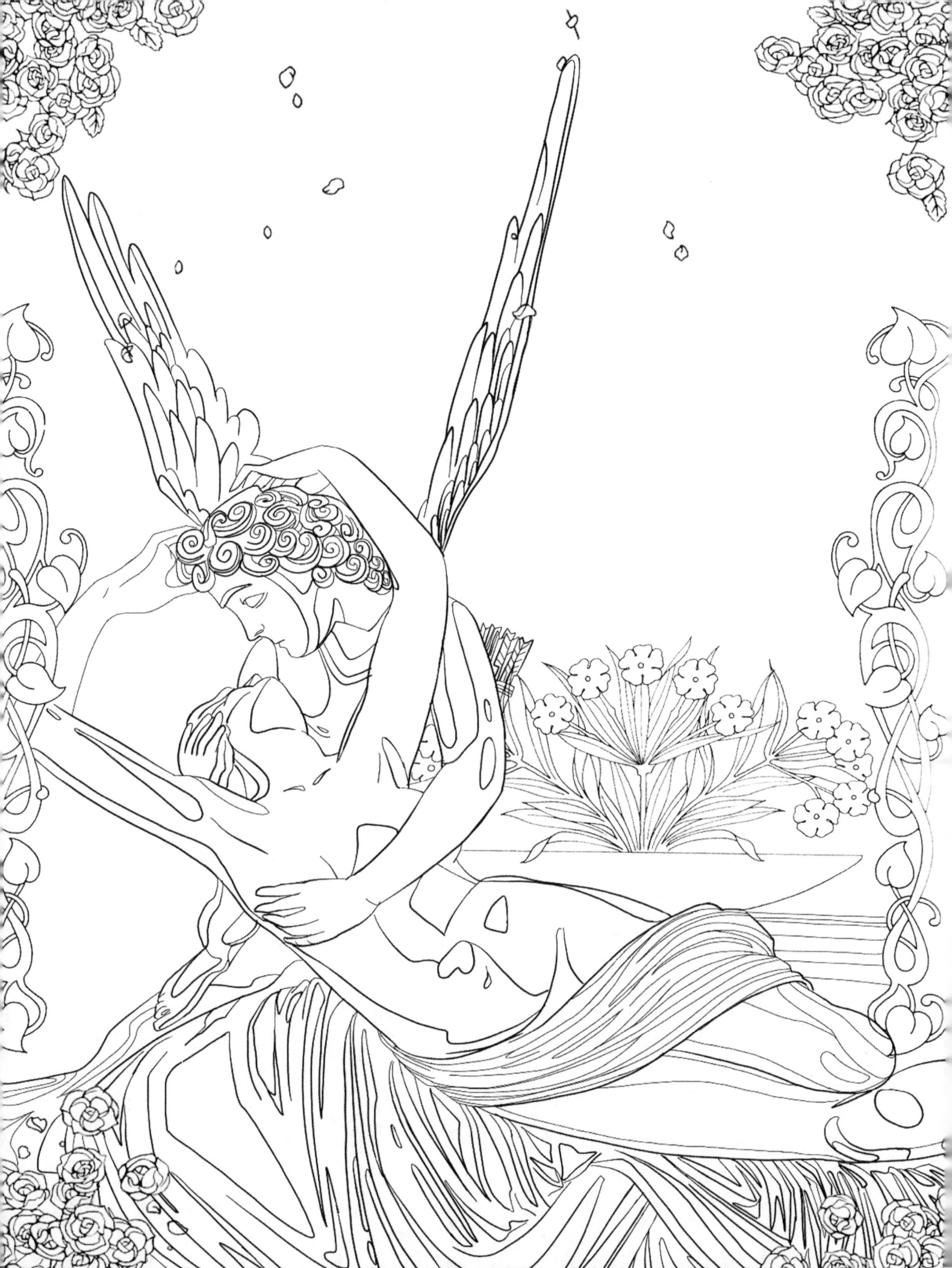

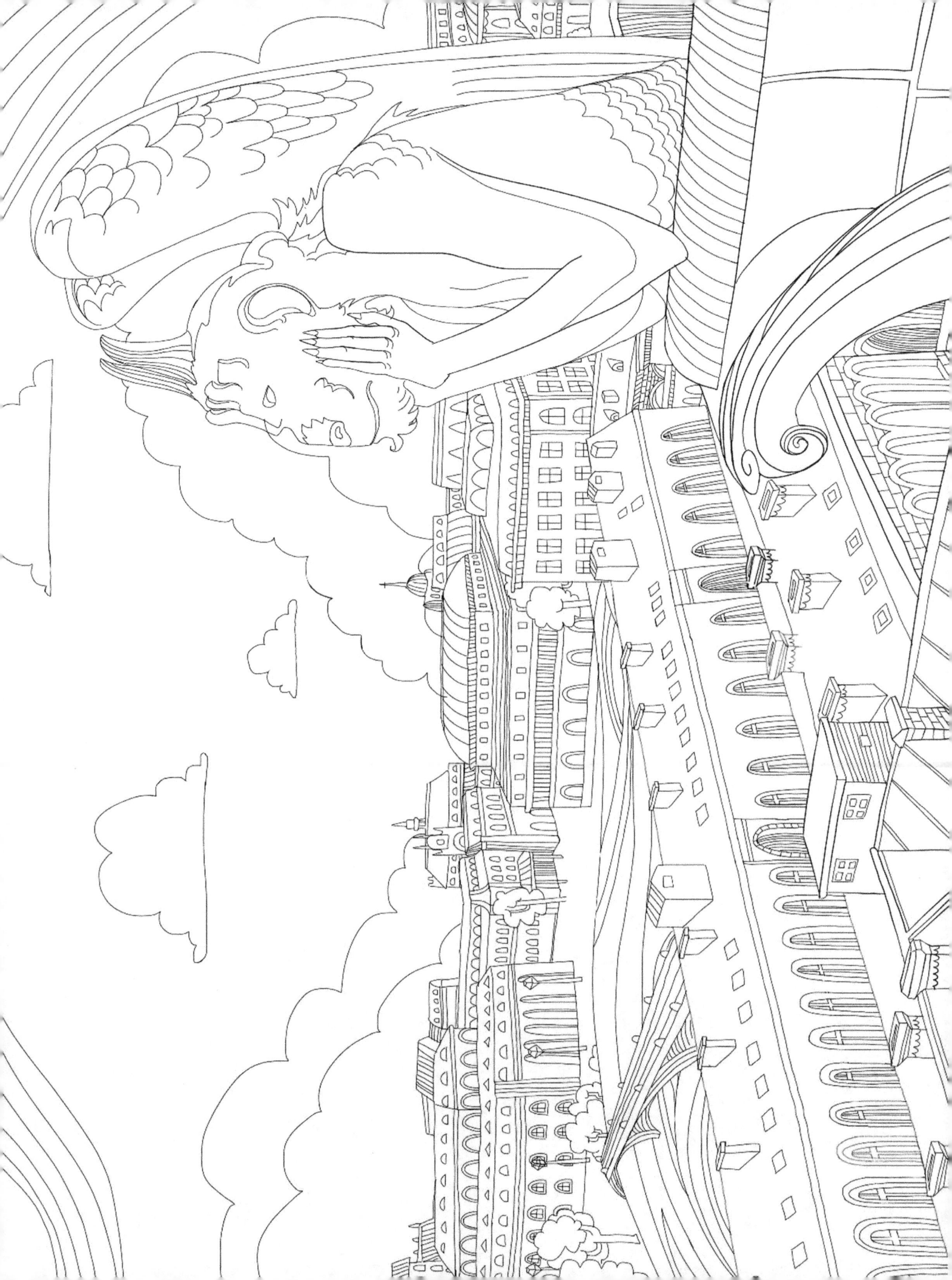

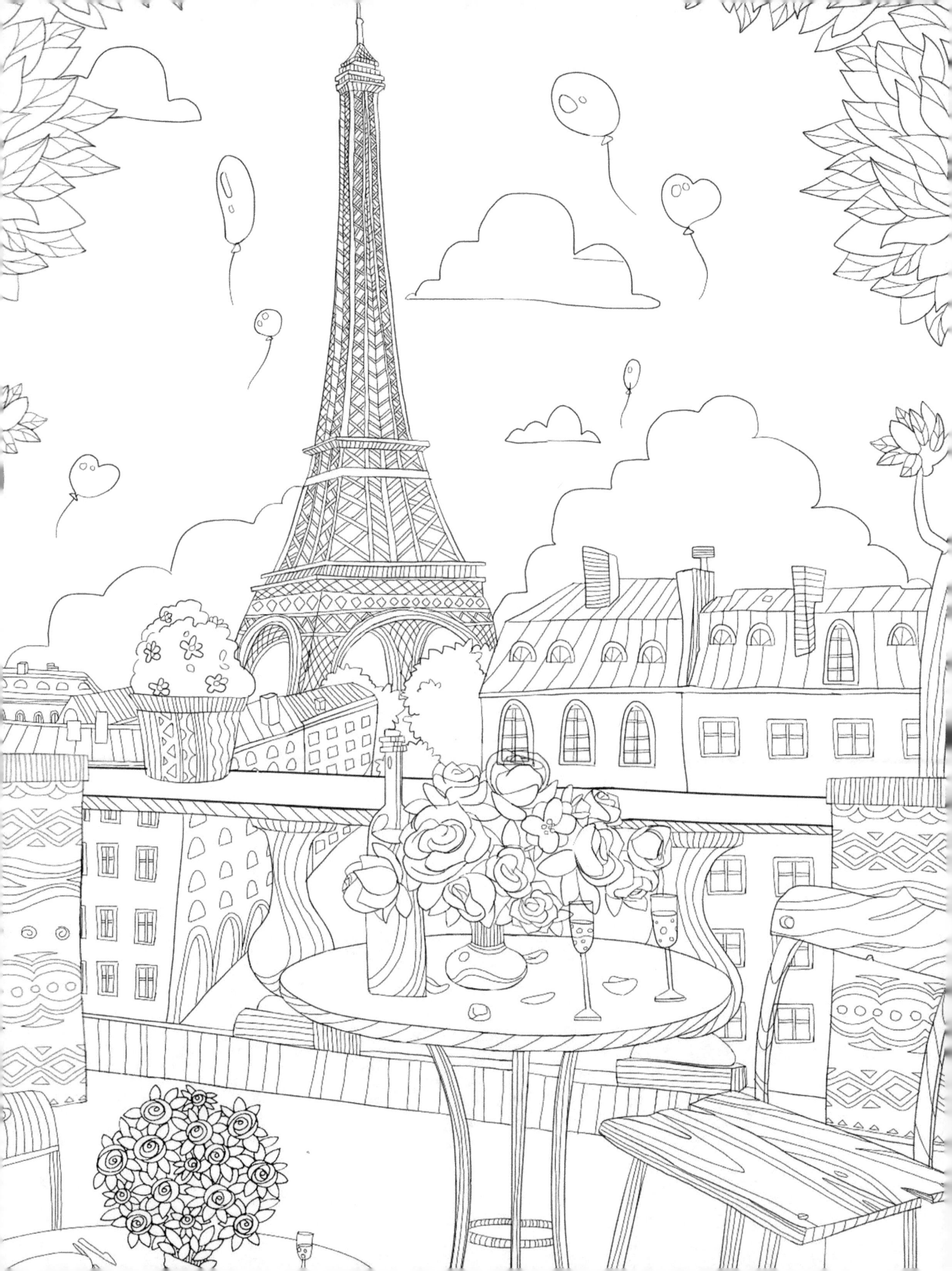

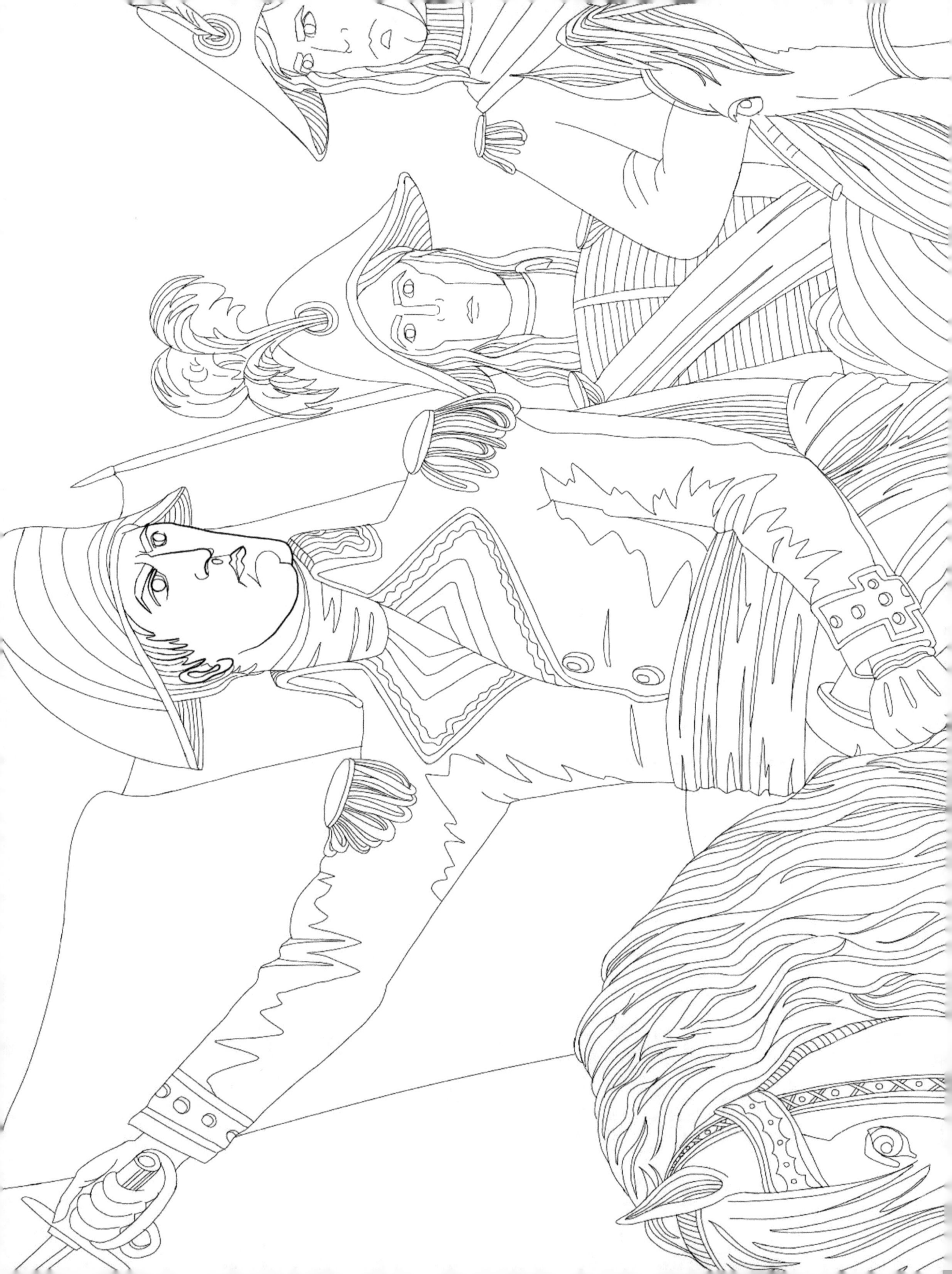

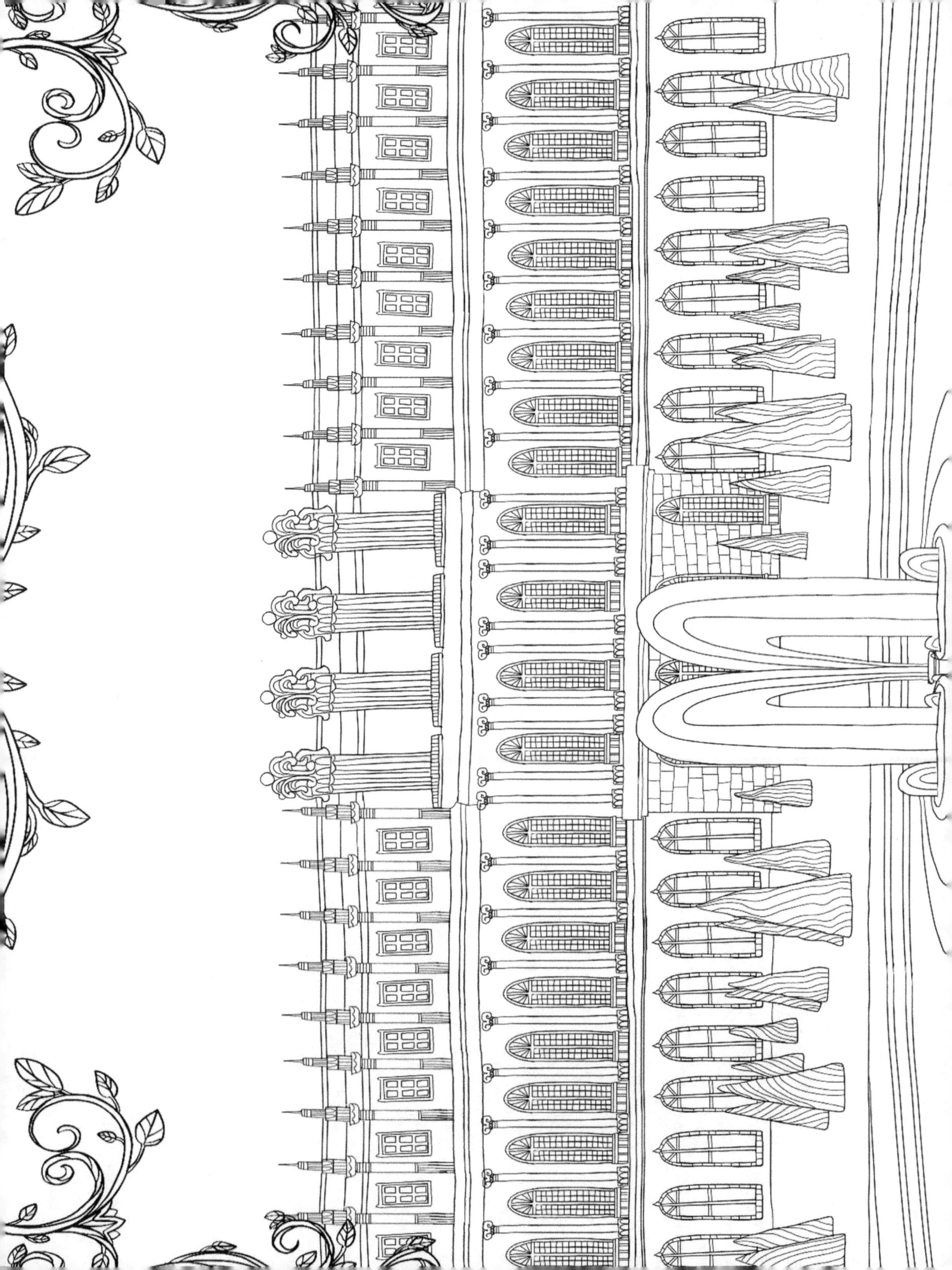

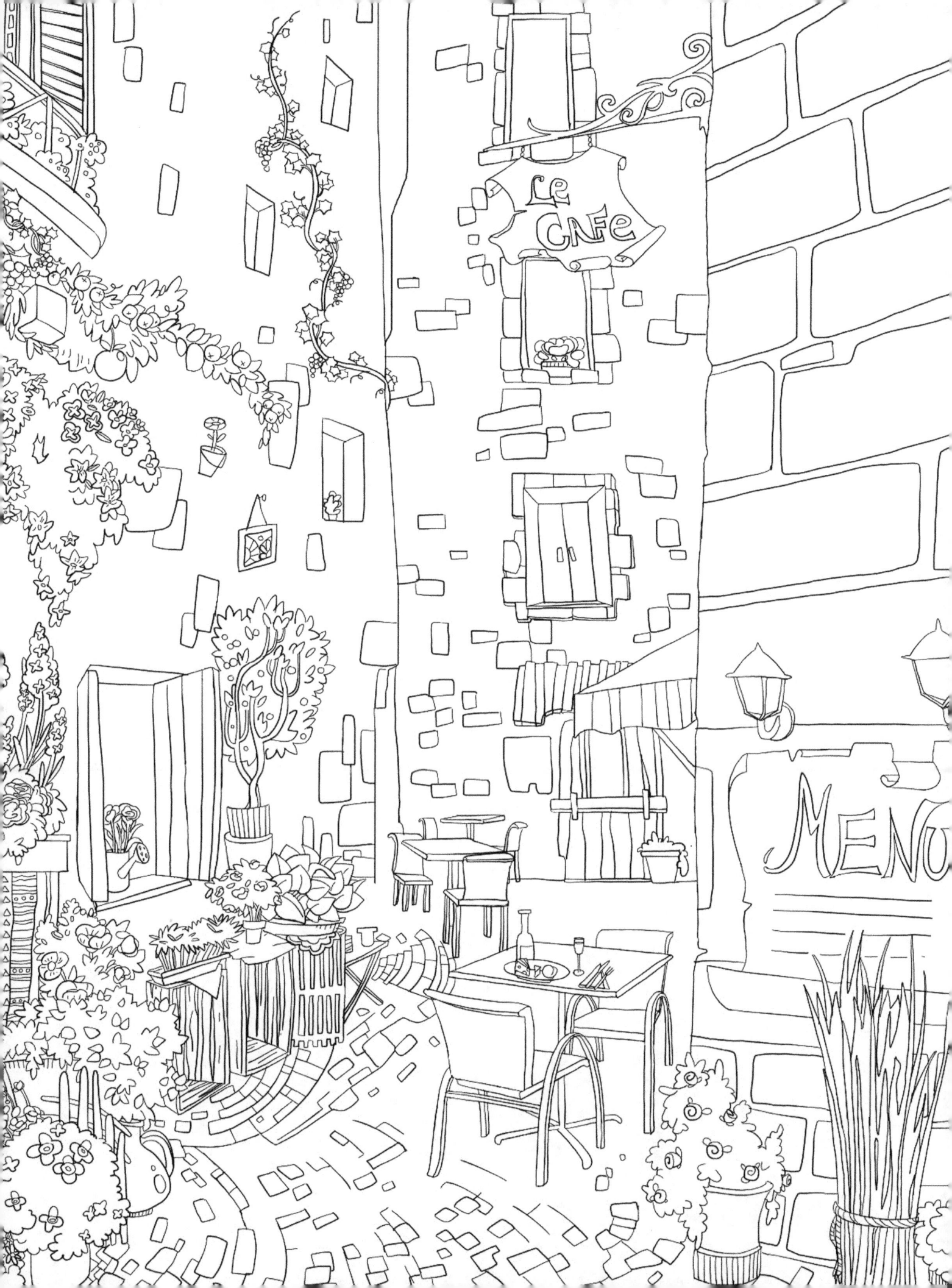

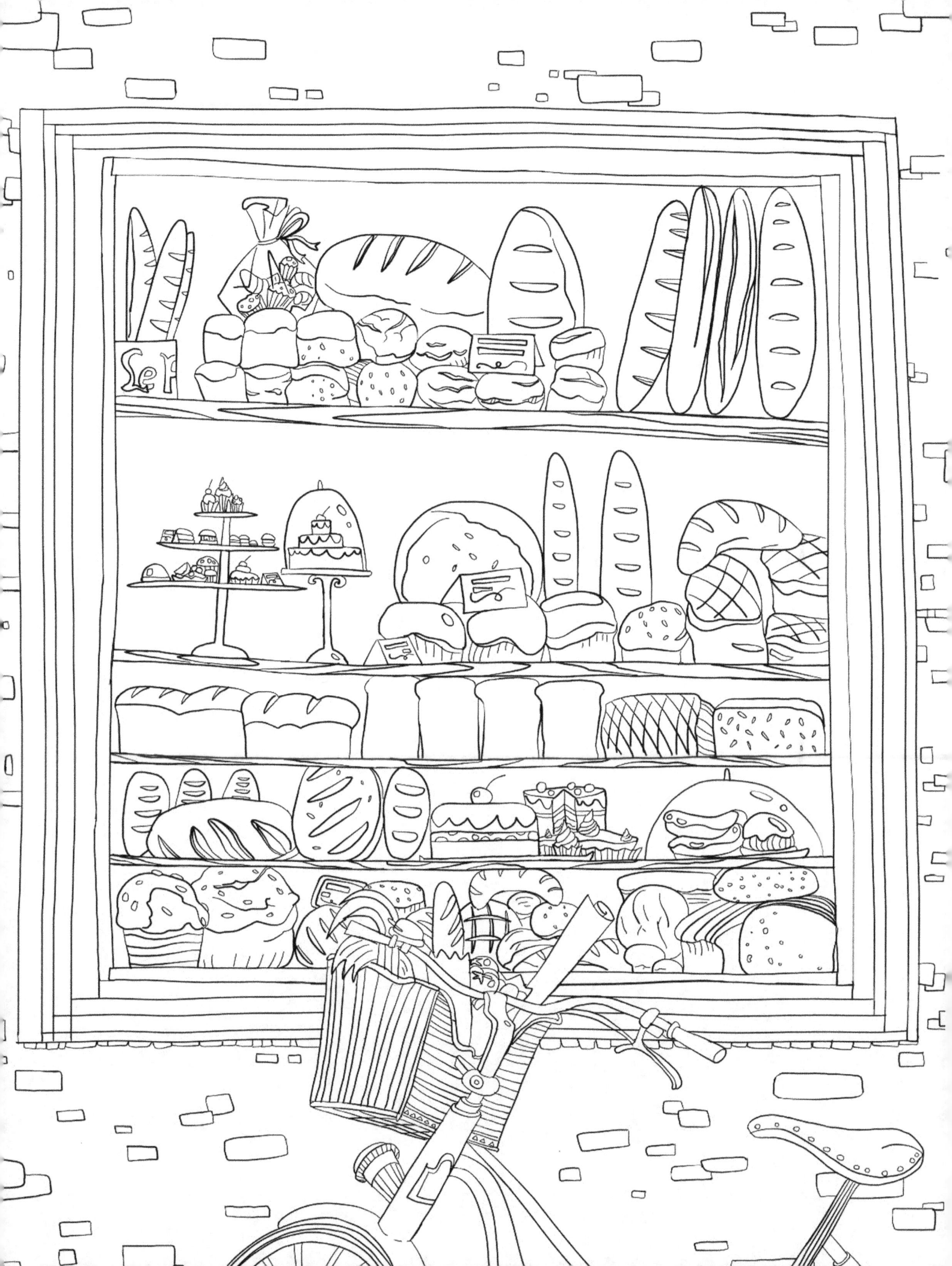

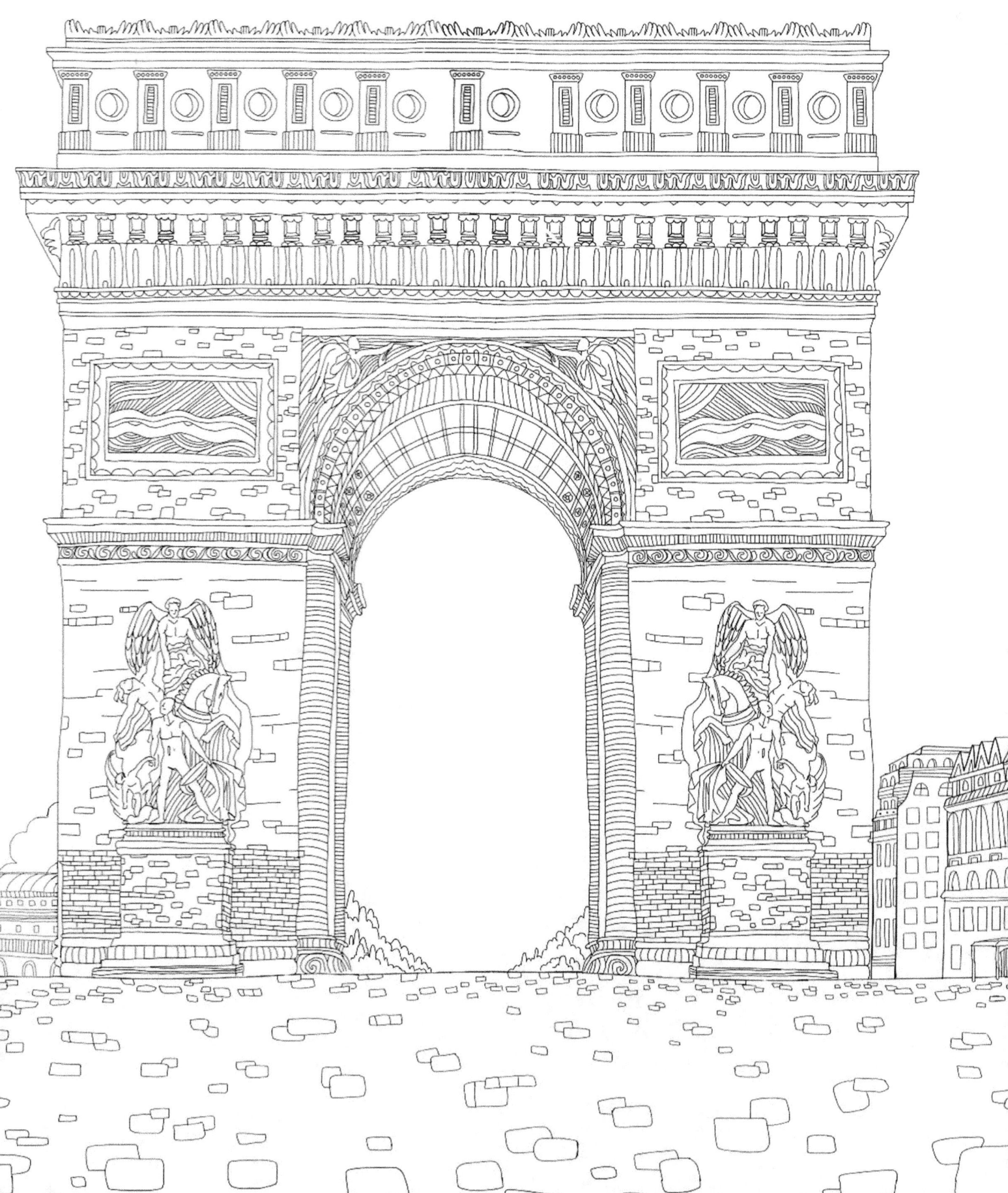

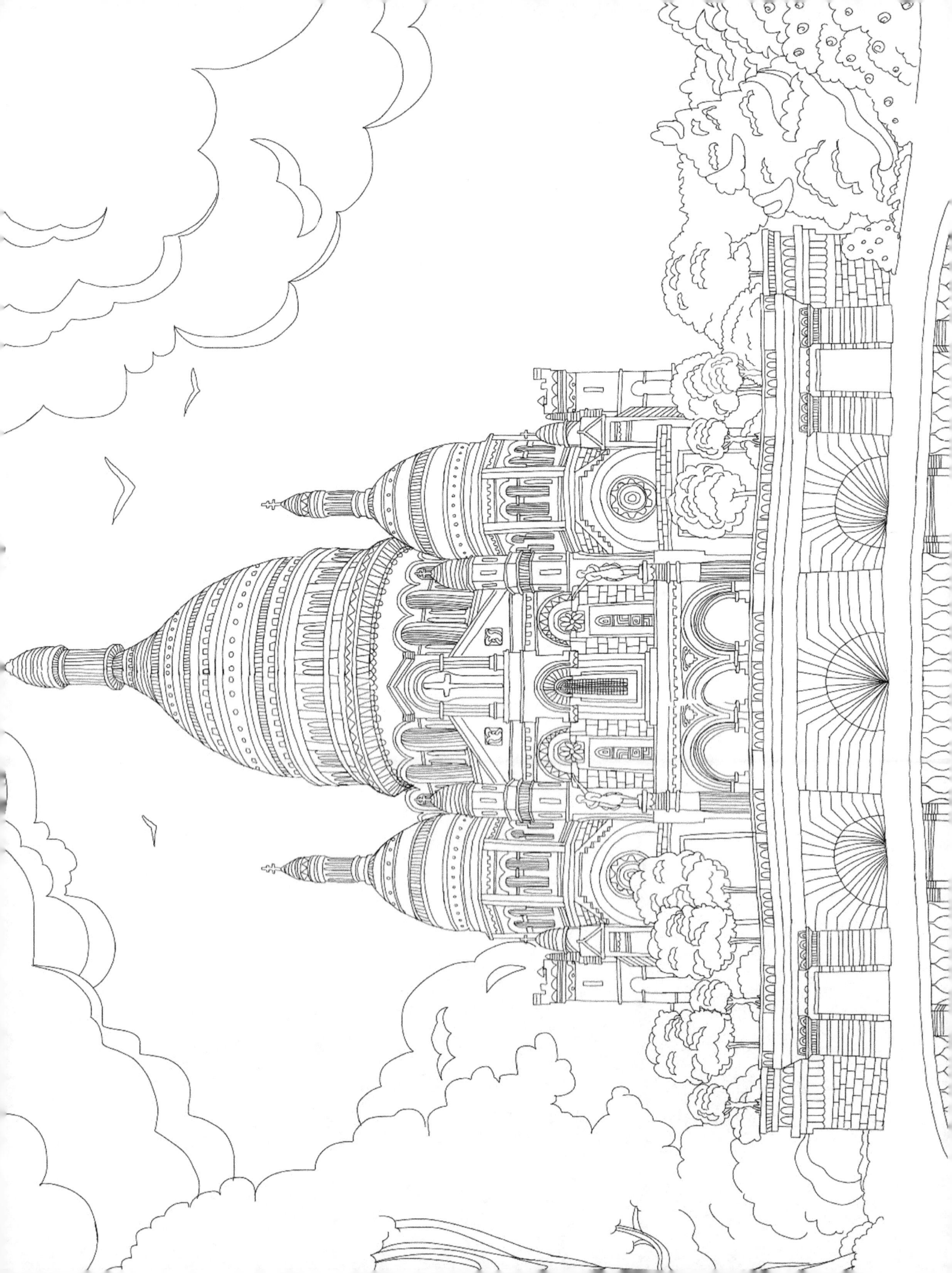

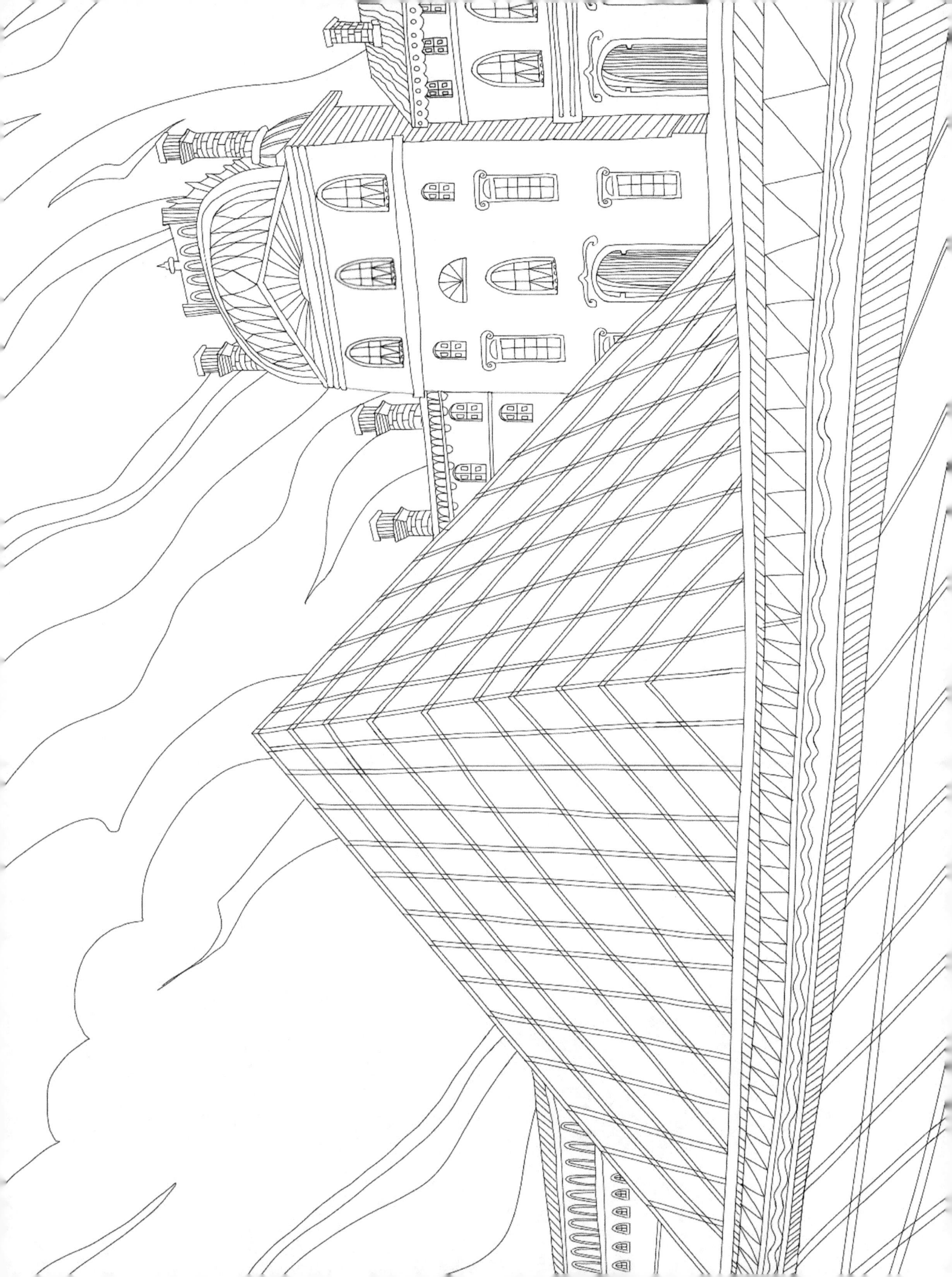

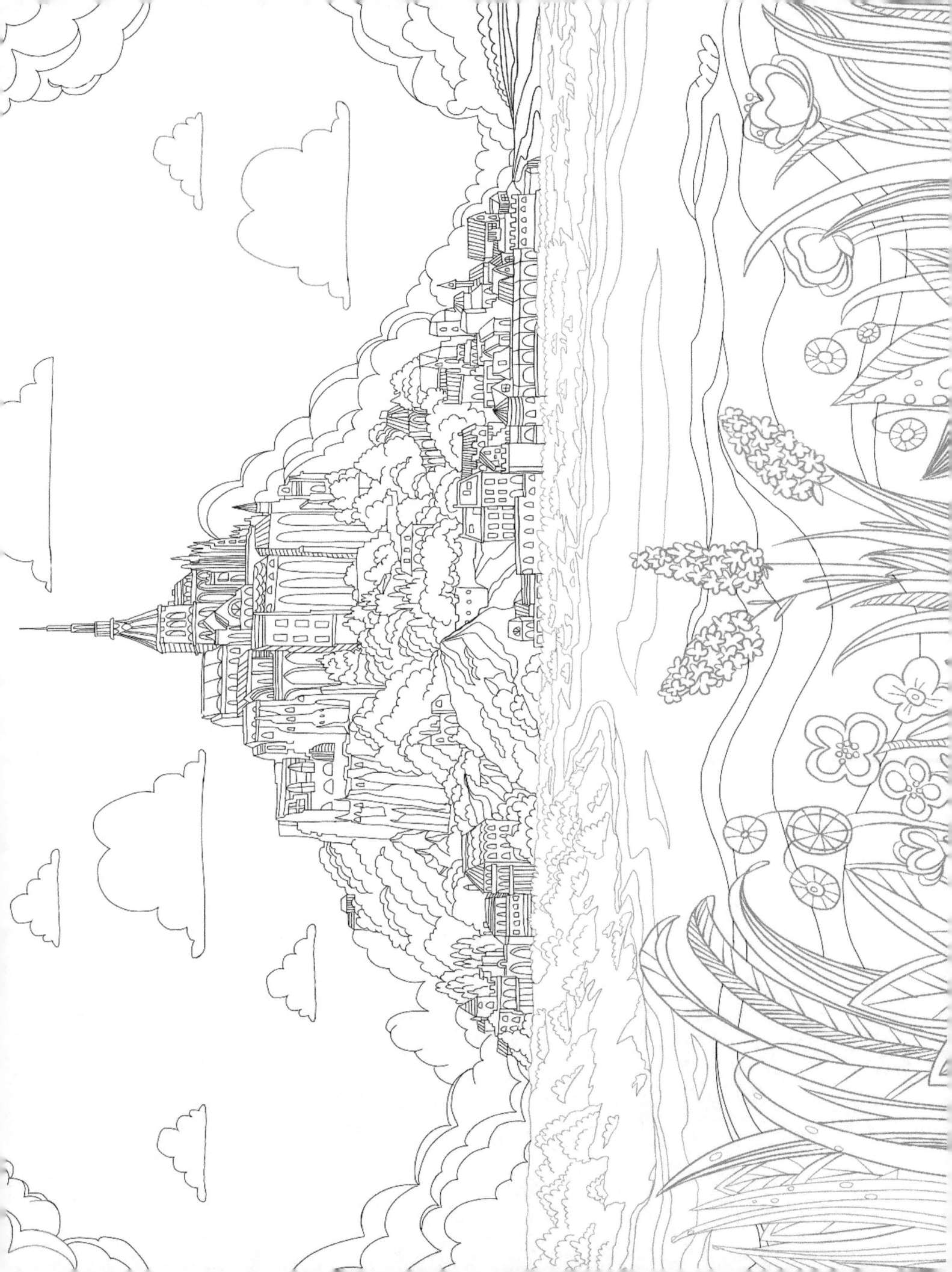

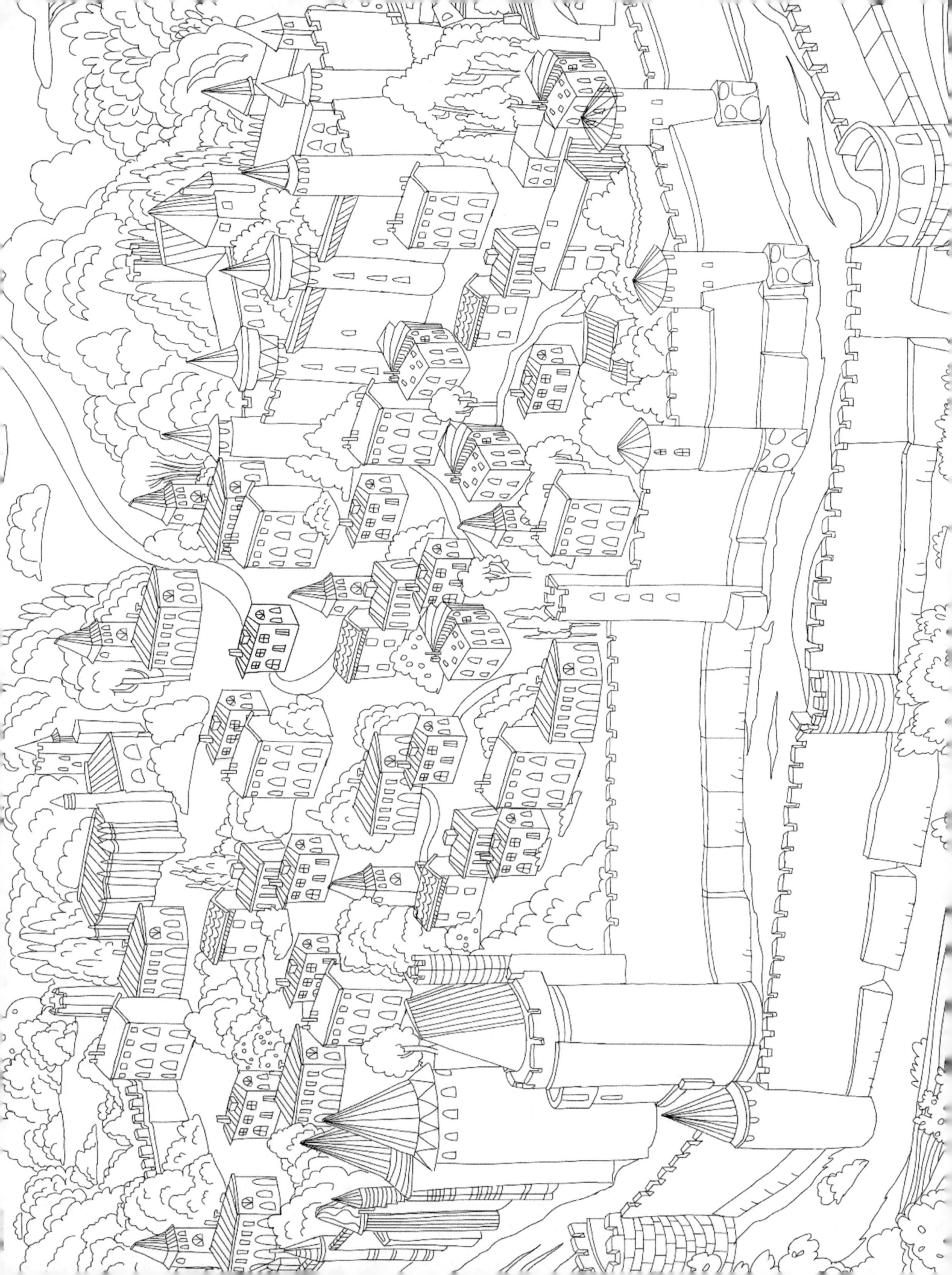

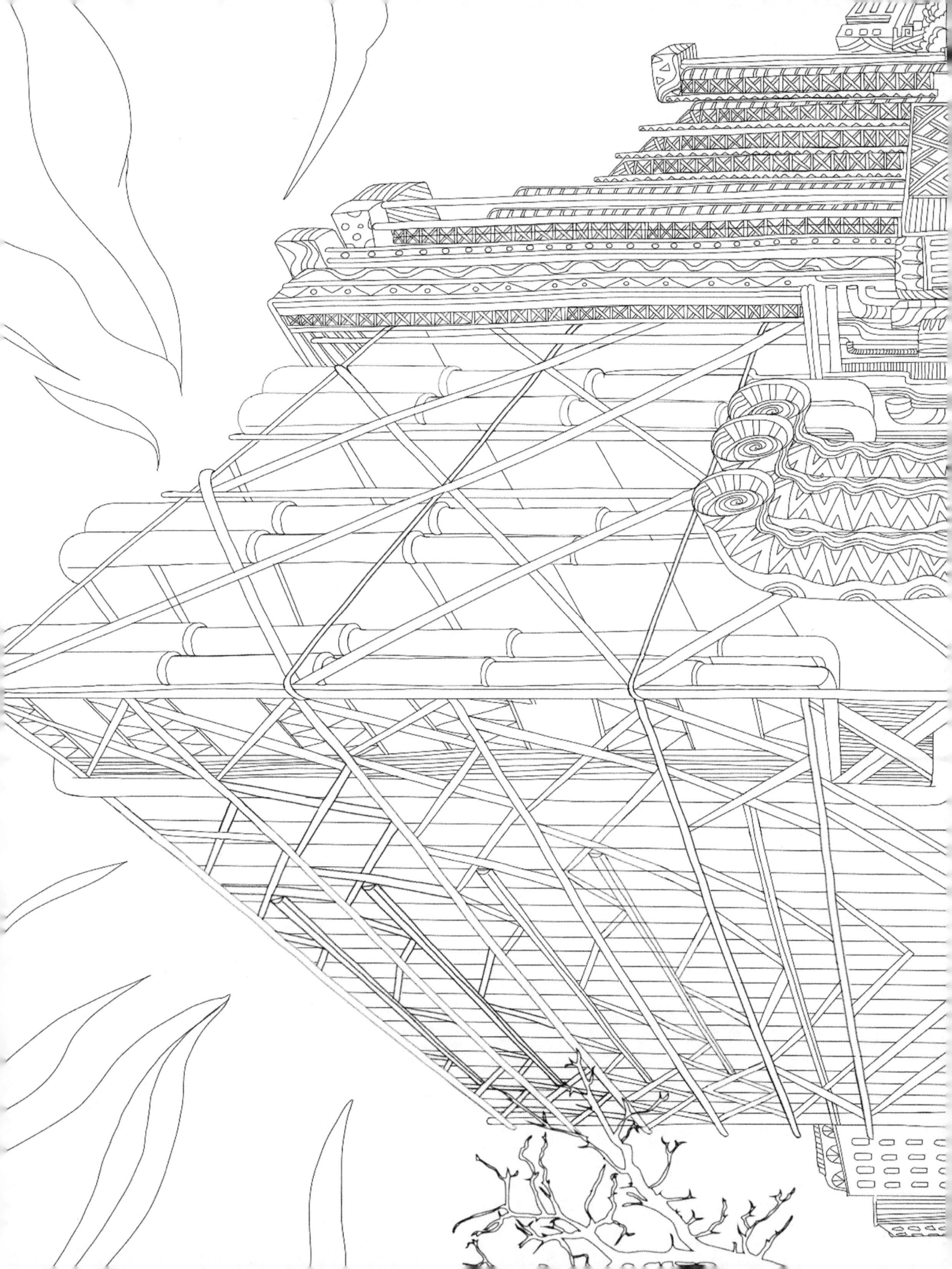

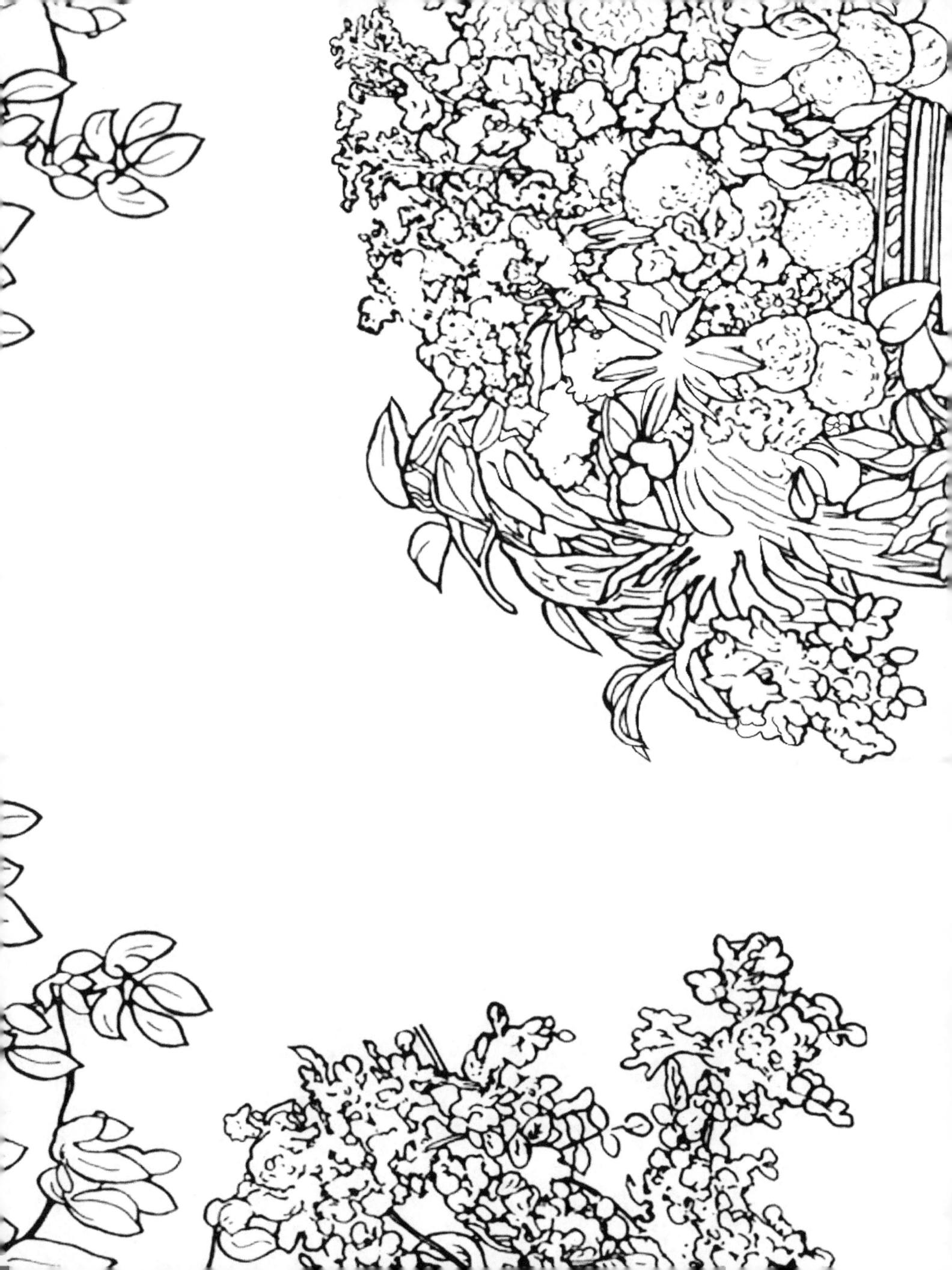

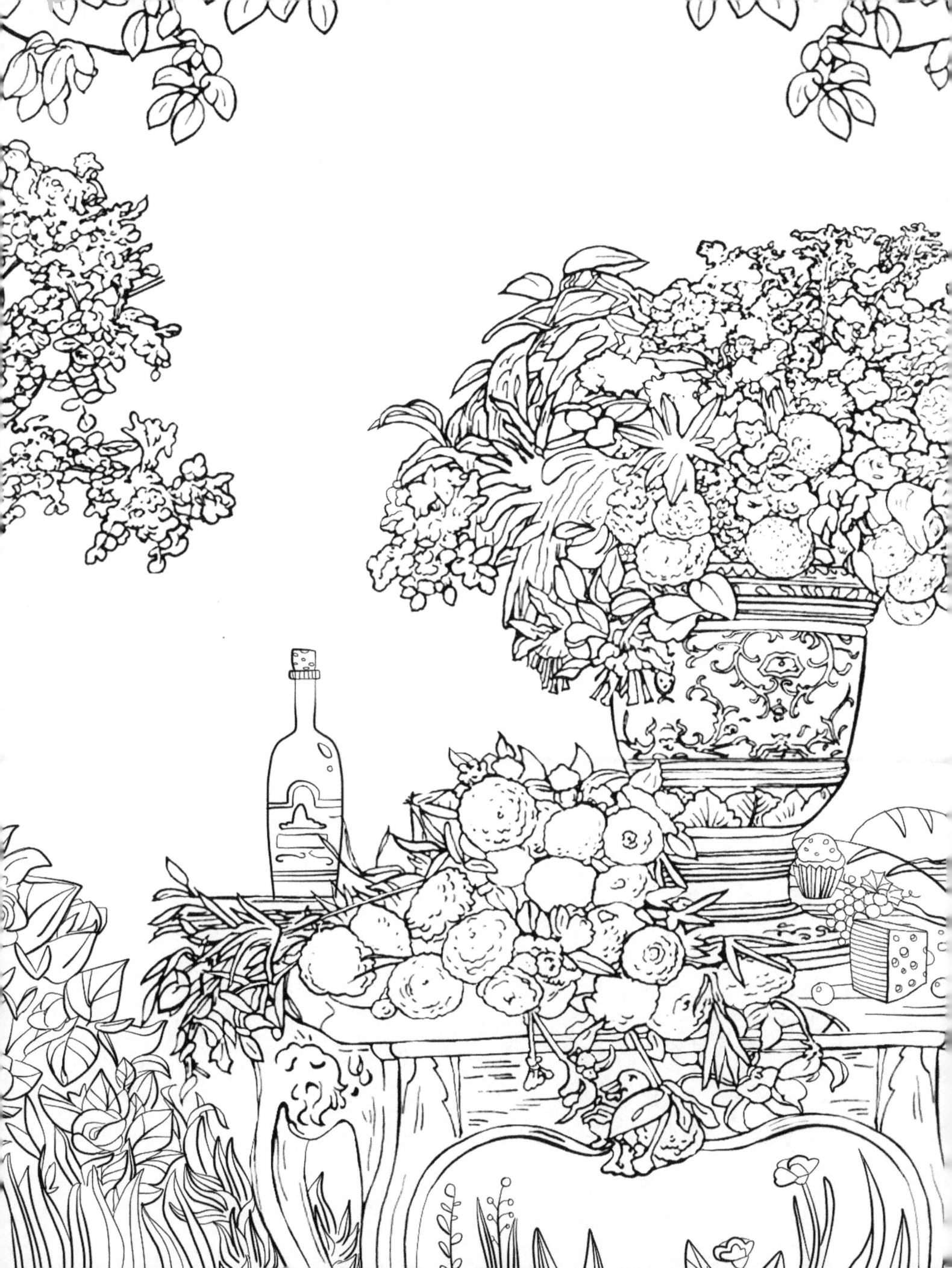

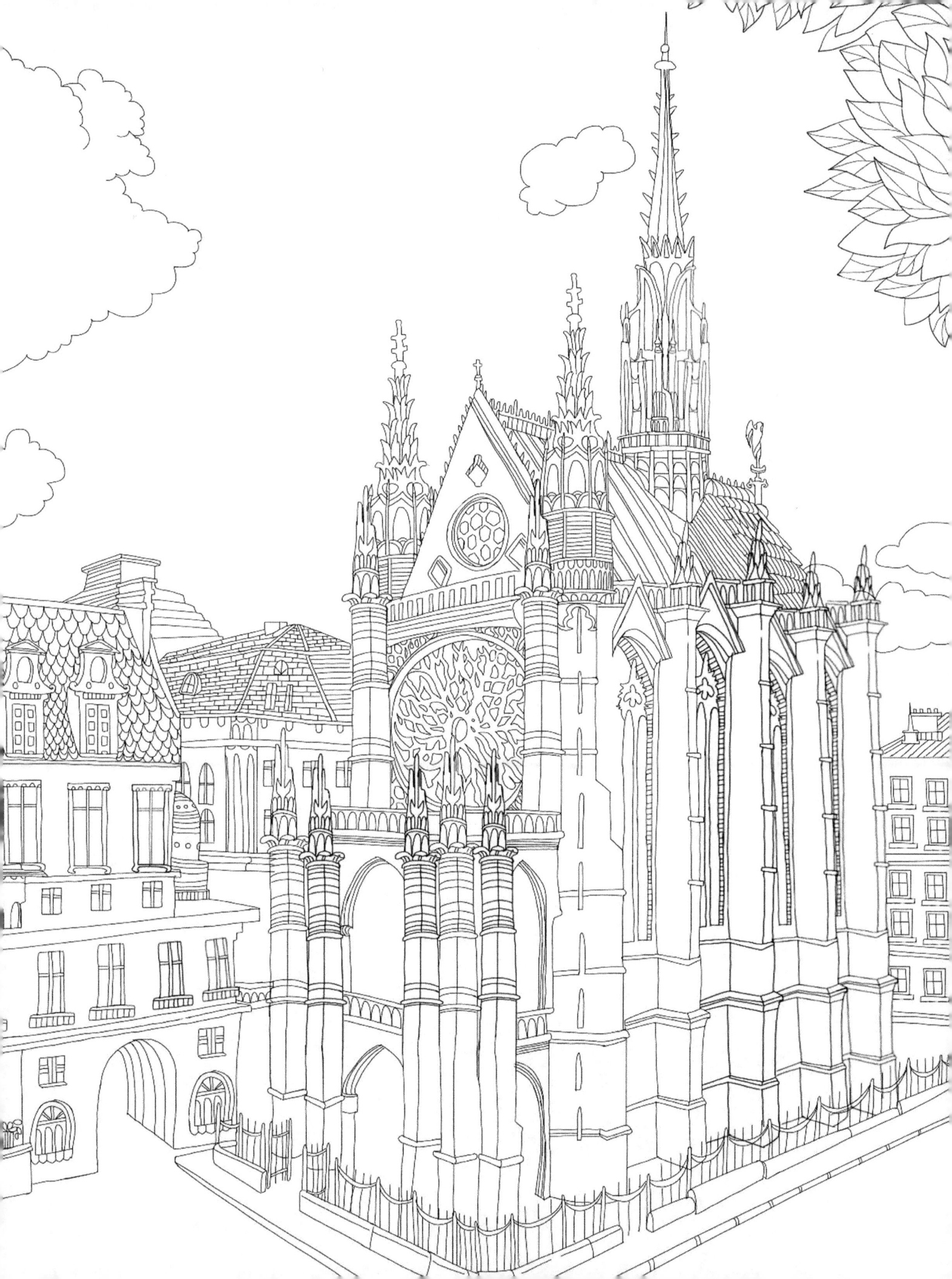

Bonus : Audio

*H*ere is the bonus material for the colouring book.

10 Fairy Tales in French with English translation.

You can download the audio in the French ASMR version by typing this address into your web browser.

https://www.talkinfrench.com/french-coloring-book/

If you have any difficulty in downloading the audio or if you have questions, don't hesitate to contact Frederic at contact@talkinfrench.com

Thank you. Merci.

Les sources :
Français : http://feeclochette.chez.com/perrault.htm
Anglais : https://web.archive.org/web/20160729150315/http://www.pitt.edu/~dash/perrault.html
Les contes de fées :

Titre Français	Titre Anglais
Barbe-Bleue	Blue Beard
La belle au bois dormant	The Sleeping Beauty in the Wood
Cendrillon	Cinderella; or, The Little Glass Slipper
Le chat botté	The Master Cat; or, Puss in Boots
Les fées	The Fairies
Peau d'Ane	Donkey Skin
Le petit Poucet	Little Thumb
Le petit chaperon rouge	Little Red Riding Hood
Riquet à la houppe	Ricky of the Tuft
Les souhaits ridicules	The Ridiculous Wishes

Barbe-Bleue

*I*l était une fois un homme qui avait de belles maisons à la ville et à la campagne, de la vaisselle d'or et d'argent, des meubles en broderie, et des carrosses tout dorés; mais par malheur cet homme avait la barbe bleue : cela le rendait si laid et si terrible, qu'il n'était ni femme ni fille qui ne s'enfuit devant lui. Une de ses voisines, dame de qualité, avait deux filles parfaitement belles. Il lui en demanda une en mariage, et lui laissa le choix de celle qu'elle voudrait lui donner. Elles n'en voulaient point toutes deux, et se le renvoyaient l'une à l'autre, ne pouvant se résoudre à prendre un homme qui eût la barbe bleue. Ce qui les dégoûtait encore, c'est qu'il avait déjà épousé plusieurs femmes, et qu'on ne savait pas ce que ces femmes étaient devenues. Barbe Bleue, pour faire connaissance, les mena avec leur mère, et trois ou quatre de leurs meilleures amies, et quelques jeunes gens du voisinage, à une de ses maisons de campagne, où on demeura huit jours entiers. Ce n'était que promenades, que parties de chasse et de pêche, que danses et festins, que collations : on ne dormait point, et on passait toute la nuit à se faire des malices les uns aux autres ; enfin tout alla si bien, que la cadette commença à trouver que le maître du logis n'avait plus la barbe si bleue, et que c'était un fort honnête homme. Dès qu'on fut de retour à la ville, le mariage se conclut.

Au bout d'un mois Barbe Bleue dit à sa femme qu'il était obligé de faire un voyage en province, de six semaines au moins, pour une affaire de conséquence; qu'il la priait de se bien divertir pendant son absence, qu'elle fit venir ses bonnes amies, qu'elle les menât à la campagne si elle voulait, que partout elle fit bonne chère : -"Voilà, lui dit-il, les clefs des deux grands garde-meubles, voilà celles de la vaisselle d'or et d'argent qui ne sert pas tous les jours, voilà celles de mes coffres-forts, où est mon or et mon argent, celles des coffrets où sont mes pierreries, et voilà le passe-partout de tous les appartements. Pour cette petite clef-ci, c'est la clef du cabinet au bout de la grande galerie de l'appartement bas : ouvrez tout, allez partout, mais pour ce petit cabinet, je vous défends d'y entrer, et je vous le défends de telle sorte, que s'il vous arrive de l'ouvrir, il n'y a rien que vous ne deviez attendre de ma colère."

Elle promit d'observer exactement tout ce qui lui venait d'être ordonné ; et lui, après l'avoir embrassée, il monte dans son carrosse, et part pour son voyage. Les voisines et les bonnes amies n'attendirent pas qu'on les envoyât chercher pour aller chez la jeune mariée, tant elles avaient d'impatience de voir toutes les richesses de sa maison, n'ayant osé y venir pendant que le mari y était, à cause de sa barbe bleue qui leur faisait peur. Les voilà aussitôt à parcourir les chambres, les cabinets, les garde-robes, toutes plus belles et plus riches les unes que les autres. Elles montèrent ensuite aux garde-meubles, où elles ne pouvaient assez admirer le nombre et la beauté des tapisseries, des lits, des sofas, des cabinets, des guéridons, des tables et des miroirs, où l'on se voyait depuis les pieds jusqu'à la tête, et dont les bordures, les unes de glace, les autres d'argent et de vermeil doré, étaient les plus belles et les plus magnifiques qu'on eût jamais vues. Elles ne cessaient d'exagérer et d'envier le bonheur de leur amie, qui cependant ne se divertissait point à voir toutes ces richesses, à cause de l'impatience qu'elle avait d'aller ouvrir le cabinet de l'appartement bas. Elle fut si pressée de sa curiosité, que sans considérer qu'il était malhonnête de quitter sa compagnie, elle y descendit par un petit escalier dérobé, et avec tant de précipitation, qu'elle pensa se rompre le cou deux ou trois fois. Etant arrivée à la porte du cabinet, elle s'y arrêta quelque temps, songeant à la défense que son mari lui avait faite, et considérant qu'il pourrait lui arriver malheur d'avoir été désobéissante; mais la tentation était si forte qu'elle ne put la surmonter : elle prit donc la petite clef, et ouvrit en tremblant la porte du cabinet. D'abord elle ne vit rien, parce que les fenêtres étaient fermées ; après quelques moments elle commença à voir que le plancher était tout couvert de sang caillé, et que dans ce sang gisaient les corps de plusieurs femmes mortes et attachées le long des murs (c'était toutes les femmes que Barbe Bleue avait épousées et qu'il avait égorgées l'une après l'autre). Elle pensa mourir de peur, et la clef du cabinet qu'elle venait de retirer de la serrure lui tomba de la main. Après avoir un peu repris ses esprits, elle ramassa la clef, referma la porte, et monta à sa chambre pour se remettre un peu, mais elle n'en pouvait venir à bout, tant elle était émue. Ayant remarqué que la clef du cabinet était tachée de sang, elle l'essuya deux ou trois fois, mais le sang ne s'en allait point ; elle eut beau la laver, et même la frotter avec du sablon et avec du grès, il y demeura toujours du sang, car la clef était magique, et il n'y avait pas moyen de la nettoyer tout à fait: quand on ôtait le sang d'un côté, il revenait de l'autre.

Barbe Bleue revint de son voyage dès le soir même, et dit qu'il avait reçu des lettres en chemin, qui lui avaient appris que l'affaire pour laquelle il était parti venait d'être terminée à son avantage. Sa femme fit tout ce qu'elle put pour lui témoigner qu'elle était ravie de son prompt retour. Le lendemain il lui redemanda les clefs, et elle les lui donna. Mais d'une main si tremblante, qu'il devina sans peine tout ce qui s'était passé.

-"D'où vient, lui dit-il, que la clef du cabinet n'est point avec les autres ?»

-»Sans doute», dit-elle, «que je l'ai laissée là-haut sur ma table.»

-»Ne manquez pas», dit la Barbe bleue, «de me la donner tantôt." Après l'avoir retardé le plus possible, il fallut apporter la clef. Barbe Bleue, l'ayant examinée, dit à sa femme :

-"Pourquoi y a-t-il du sang sur cette clef ?»

-»Je n'en sais rien», répondit la pauvre femme, plus pâle que la mort.

-»Vous n'en savez rien», reprit Barbe Bleue,»je le sais bien, moi»; vous avez voulu entrer dans le cabinet ! Hé bien, Madame, vous y entrerez, et irez prendre votre place auprès des dames que vous y avez vues."

Elle se jeta aux pieds de son mari, en pleurant et en lui demandant pardon, avec toutes les marques d'un vrai repentir de n'avoir pas été obéissante. Elle aurait attendri un rocher, belle et affligée comme elle était ; mais Barbe Bleue avait le coeur plus dur qu'un rocher :

-"Il faut mourir, Madame, lui dit-il, et tout à l'heure.»

-»Puisqu'il faut mourir, répondit-elle, en le regardant, les yeux baignés de larmes, donnez-moi un peu de temps pour prier Dieu.» -»Je vous donne un quart d'heure», reprit Barbe Bleue, «mais pas un moment de plus."

Lorsqu'elle fut seule, elle appela sa soeur, et lui dit :

-"Ma soeur Anne (car elle s'appelait ainsi), monte, je te prie, sur le haut de la tour, pour voir si mes frères ne viennent point ; ils m'ont promis qu'ils viendraient me voir aujourd'hui, et si tu les vois, fais-leur signe de se hâter."

La soeur Anne monta sur le haut de la tour, et la pauvre affligée lui criait de temps en temps :

-"Anne, ma soeur Anne, ne vois-tu rien venir?"

Et la soeur Anne lui répondait :

-"Je ne vois rien que le soleil qui poudroie, et l'herbe qui verdoie."

Cependant Barbe Bleue, tenant un grand couteau à la main, criait de toute sa force à sa femme :

-"Descends vite, ou je monterai là-haut.»

-»Encore un moment s'il vous plaît", lui répondait sa femme et aussitôt elle criait tout bas :

-"Anne, ma soeur Anne, ne vois-tu rien venir?"

Et la soeur Anne répondait :

-"Je ne vois rien que le soleil qui poudroie, et l'herbe qui verdoie."

-"Descends donc vite, criait la Barbe bleue, ou je monterai là-haut.»

-»Je m'en vais", répondait sa femme, et puis elle criait :

-"Anne, ma soeur Anne, ne vois-tu rien venir ?»

-»Je vois», répondit la soeur Anne, «une grosse poussière qui vient de ce côté-ci.»

-»Sont-ce mes frères ?»

-»Hélas! non, ma soeur, c'est un troupeau de moutons.»

-»Ne veux-tu pas descendre ?» criait la Barbe bleue.

-»Encore un moment", répondait sa femme; et puis elle riait :

-"Anne, ma soeur Anne, ne vois-tu rien venir ?

-»Je vois», répondit-elle, «deux cavaliers qui viennent de ce côté-ci, mais ils sont bien loin encore. Dieu soit loué», s'écria-t-elle un moment après, «ce sont mes frères ; je leur fais signe tant que je puis de se hâter."

Barbe Bleue se mit à crier si fort que toute la maison en trembla. La pauvre femme descendit, et alla se jeter à ses pieds toute éplorée et toute échevelée.

-"Cela ne sert de rien», dit Barbe Bleue, «il faut mourir."

Puis la prenant d'une main par les cheveux, et de l'autre levant le couteau en l'air, il allait lui trancher la tête. La pauvre femme se tournant vers lui, et le regardant avec des yeux mourants, le pria de lui donner un petit moment pour se recueillir.

Barbe-Bleue

-"Non, non», dit-il, «recommande-toi bien à Dieu"; et levant son bras...

A ce moment on heurta si fort à la porte, que Barbe Bleue s'arrêta tout court : on ouvrit, et aussitôt on vit entrer deux cavaliers qui, mettant l'épée à la main, coururent droit à Barbe Bleue. Il reconnut que c'était les frères de sa femme, l'un dragon et l'autre mousquetaire, de sorte qu'il s'enfuit aussitôt pour se sauver ; mais les deux frères le poursuivirent de si près, qu'ils l'attrapèrent avant qu'il pût gagner le perron : ils lui passèrent leur épée au travers du corps, et le laissèrent mort. La pauvre femme était presque aussi morte que son mari, et n'avait pas la force de se lever pour embrasser ses frères. Il se trouva que Barbe Bleue n'avait point d'héritiers, et qu'ainsi sa femme demeura maîtresse de tous ses biens. Elle en employa une partie à marier sa soeur Anne avec un jeune gentilhomme, dont elle était aimée depuis longtemps ; une autre partie à acheter des charges de capitaine à ses deux frères; et le reste à se marier elle-même à un fort honnête homme, qui lui fit oublier le mauvais temps qu'elle avait passé avec Barbe bleue.

Blue Beard

*T*here was once a man who had fine houses, both in town and country, a deal of silver and gold plate, embroidered furniture, and coaches gilded all over with gold. But this man was so unlucky as to have a blue beard, which made him so frightfully ugly that all the women and girls ran away from him.

One of his neighbors, a lady of quality, had two daughters who were perfect beauties. He desired of her one of them in marriage, leaving to her choice which of the two she would bestow on him. Neither of them would have him, and they sent him backwards and forwards from one to the other, not being able to bear the thoughts of marrying a man who had a blue beard. Adding to their disgust and aversion was the fact that he already had been married to several wives, and nobody knew what had become of them.

Blue Beard, to engage their affection, took them, with their mother and three or four ladies of their acquaintance, with other young people of the neighborhood, to one of his country houses, where they stayed a whole week.

The time was filled with parties, hunting, fishing, dancing, mirth, and feasting. Nobody went to bed, but all passed the night in rallying and joking with each other. In short, everything succeeded so well that the youngest daughter began to think that the man's beard was not so very blue after all, and that he was a mighty civil gentleman.

As soon as they returned home, the marriage was concluded. About a month afterwards, Blue Beard told his wife that he was obliged to take a country journey for six weeks at least, about affairs of very great consequence. He desired her to divert herself in his absence, to send for her friends and acquaintances, to take them into the country, if she pleased, and to make good cheer wherever she was.

"Here," said he," are the keys to the two great wardrobes, wherein I have my best furniture. These are to my silver and gold plate, which is not everyday in use. These open my strongboxes, which hold my money, both gold and silver; these my caskets of jewels. And this is the master key to all my apartments. But as for this little one here, it is the key to the closet at the end of the great hall on the ground floor. Open them all; go into each and every one of them, except that little closet, which I forbid you, and forbid it in such a manner that, if you happen to open it, you may expect my just anger and resentment."

She promised to observe, very exactly, whatever he had ordered. Then he, after having embraced her, got into his coach and proceeded on his journey.

Her neighbors and good friends did not wait to be sent for by the newly married lady. They were impatient to see all the rich furniture of her house, and had not dared to come while her husband was there, because of his blue beard, which frightened them. They ran through all the rooms, closets, and wardrobes, which were all so fine and rich that they seemed to surpass one another.

After that, they went up into the two great rooms, which contained the best and richest furniture. They could not sufficiently admire the number and beauty of the tapestry, beds, couches, cabinets, stands, tables, and looking glasses, in which you might see yourself from head to foot; some of them were framed with glass, others with silver, plain and gilded, the finest and most magnificent that they had ever seen.

They ceased not to extol and envy the happiness of their friend, who in the meantime in no way diverted herself in looking upon all these rich things, because of the impatience she had to go and open the closet on the ground floor. She was so much pressed by her curiosity that, without considering that it was very uncivil for her to leave her company, she went down a little back staircase, and with such excessive haste that she nearly fell and broke her neck.

Having come to the closet door, she made a stop for some time, thinking about her husband's orders, and considering what unhappiness might attend her if she was disobedient; but the temptation was so strong that she could not overcome it. She then took the little key, and opened it, trembling. At first she could not see anything plainly, because the windows were shut. After some moments she began to perceive that the floor was all covered over with clotted blood, on which lay the bodies of several dead women, ranged against the walls. (These were all the wives whom Blue Beard had married and murdered, one after another.) She thought she should have died for fear, and the key, which she, pulled out of the lock, fell out of her hand.

After having somewhat recovered her surprise, she picked up the key, locked the door, and went upstairs into her chamber to recover; but she could not, so much was she frightened. Having observed that the key to the closet was stained with blood, she tried two or three times to wipe it off; but the blood would not come out; in vain did she wash it, and even rub it with soap and sand. The blood still remained, for the key was magical and she could never make it quite clean; when the blood was gone off from one side, it came again on the other.

Blue Beard returned from his journey the same evening, saying that he had received letters upon the road, informing him that the affair he went about had concluded to his advantage. His wife did all she could to convince him that she was extremely happy about his speedy return.

The next morning he asked her for the keys, which she gave him, but with such a trembling hand that he easily guessed what had happened.

"What!" said he, "is not the key of my closet among the rest?"

"I must," said she, "have left it upstairs upon the table."

"Fail not," said Blue Beard, "to bring it to me at once."

After several goings backwards and forwards, she was forced to bring him the key. Blue Beard, having very attentively considered it, said to his wife, "Why is there blood on the key?"

"I do not know," cried th+ poor woman, paler than death.

"You do not know!" replied Blue Beard. "I very well know. You went into the closet, did you not? Very well, madam; you shall go back, and take your place among the ladies you saw there."

Upon this she threw herself at her husband's feet, and begged his pardon with all the signs of a true repentance, vowing that she would never more be disobedient. She would have melted a rock, so beautiful and sorrowful was she; but Blue Beard had a heart harder than any rock!

"You must die, madam," said he, "at once."

"Since I must die," answered she (looking upon him with her eyes all bathed in tears), "give me some little time to say my prayers."

"I give you," replied Blue Beard, "half a quarter of an hour, but not one moment more."

When she was alone she called out to her sister, and said to her, "Sister Anne" (for that was her name), "go up, I beg you, to the top of the tower, and look if my brothers are not coming. They promised me that they would come today, and if you see them, give them a sign to make haste."

Her sister Anne went up to the top of the tower, and the poor afflicted wife cried out from time to time, "Anne, sister Anne, do you see anyone coming?"

And sister Anne said, "I see nothing but a cloud of dust in the sun, and the green grass."

In the meanwhile Blue Beard, holding a great saber in his hand, cried out as loud as he could bawl to his wife, "Come down instantly, or I shall come up to you."

"One moment longer, if you please," said his wife; and then she cried out very softly, "Anne, sister Anne, do you see anybody coming?"

And sister Anne answered, "I see nothing but a cloud of dust in the sun, and the green grass."

"Come down quickly," cried Blue Beard, "or I will come up to you."

"I am coming," answered his wife; and then she cried, "Anne, sister Anne, do you not see anyone coming?"

"I see," replied sister Anne, "a great cloud of dust approaching us."

"Are they my brothers?"

"Alas, no my dear sister, I see a flock of sheep."

"Will you not come down?" cried Blue Beard.

"One moment longer," said his wife, and then she cried out, "Anne, sister Anne, do you see nobody coming?"

"I see," said she, "two horsemen, but they are still a great way off."

Blue Beard

"God be praised," replied the poor wife joyfully. "They are my brothers. I will make them a sign, as well as I can for them to make haste."

Then Blue Beard bawled out so loud that he made the whole house tremble. The distressed wife came down, and threw herself at his feet, all in tears, with her hair about her shoulders.

"This means nothing," said Blue Beard. "You must die!" Then, taking hold of her hair with one hand, and lifting up the sword with the other, he prepared to strike off her head. The poor lady, turning about to him, and looking at him with dying eyes, desired him to afford her one little moment to recollect herself.

"No, no," said he, "commend yourself to God," and was just ready to strike.

At this very instant there was such a loud knocking at the gate that Blue Beard made a sudden stop. The gate was opened, and two horsemen entered. Drawing their swords, they ran directly to Blue Beard. He knew them to be his wife's brothers, one a dragoon, the other a musketeer; so that he ran away immediately to save himself; but the two brothers pursued and overtook him before he could get to the steps of the porch. Then they ran their swords through his body and left him dead. The poor wife was almost as dead as her husband, and had not strength enough to rise and welcome her brothers.

Blue Beard had no heirs, and so his wife became mistress of all his estate. She made use of one part of it to marry her sister Anne to a young gentleman who had loved her a long while; another part to buy captains' commissions for her brothers, and the rest to marry herself to a very worthy gentleman, who made her forget the ill time she had passed with Blue Beard.

La Belle au Bois dormant

*I*l était une fois un roi et une reine qui étaient si fâchés de n'avoir point d'enfants, si fâchés qu'on ne saurait dire. Ils allèrent à toutes les eaux du monde, voeux, pèlerinages, menues dévotions; tout fut mis en oeuvre, et rien n'y faisait. Enfin pourtant la reine devint grosse, et accoucha d'une fille: on fit un beau baptême; on donna pour marraines à la petite princesse toutes les fées qu'on pût trouver dans le pays (il s'en trouva sept), afin que chacune d'elles lui faisant un don, comme c'était la coutume des fées en ce temps-là, la princesse eût par ce moyen toutes les perfections imaginables.

Après les cérémonies du baptême toute la compagnie revint au palais du roi, où il y avait un grand festin pour les fées. On mit devant chacune d'elles un couvert magnifique, avec un étui d'or massif, où il y avait une cuiller, une fourchette, et un couteau de fin or, garni de diamants et de rubis. Mais comme chacun prenait sa place à table. On vit entrer une vieille fée qu'on n'avait point priée parce qu'il y avait plus de cinquante ans qu'elle n'était sortie d'une tour et qu'on la croyait morte, ou enchantée. Le roi lui fit donner un couvert, mais il n'y eut pas moyen de lui donner un étui d'or massif, comme aux autres, parce que l'on n'en avait fait faire que sept pour les sept fées. La vieille crut qu'on la méprisait, et grommela quelques menaces entre ses dents. Une des jeunes fées qui se trouva auprès d'elle l'entendit, et jugeant qu'elle pourrait donner quelque fâcheux don à la petite princesse, alla, dès qu'on fut sorti de table, se cacher derrière la tapisserie, afin de parler la dernière, et de pouvoir réparer autant qu'il lui serait possible le mal que la vieille aurait fait.

Cependant les fées commencèrent à faire leurs dons à la princesse. La plus jeune lui donna pour don qu'elle serait la plus belle du monde, celle d'après qu'elle aurait de l'esprit comme un ange, la troisième qu'elle aurait une grâce admirable à tout ce qu'elle ferait, la quatrième qu'elle danserait parfaitement bien, la cinquième qu'elle chanterait comme un rossignol, et la sixième qu'elle jouerait de toutes sortes d'instruments à la perfection. Le rang de la vieille fée étant venu, elle dit en branlant la tête, encore plus de dépit que de vieillesse, que la princesse se percerait la main d'un fuseau, et qu'elle en mourrait.

Ce terrible don fit frémir toute la compagnie, et il n'y eut personne qui ne pleurât. Dans ce moment la jeune fée sortit de derrière la tapisserie, et dit tout haut ces paroles: "Rassurez-vous, roi et reine, votre fille n'en mourra pas: il est vrai que je n'ai pas assez de puissance pour défaire entièrement ce que mon ancienne a fait. La princesse se percera la main d'un fuseau; mais au lieu d'en mourir, elle tombera seulement dans un profond sommeil qui durera cent ans, au bout desquels le fils d'un roi viendra la réveiller."

Le roi, pour tâcher d'éviter le malheur annoncé par la vieille, fit publier aussitôt un édit, par lequel il défendait à tous de filer au fuseau, ni d'avoir des fuseaux chez soi sous peine de mort. Au bout de quinze ou seize ans, le roi et la reine étant allés à une de leurs maisons de plaisance, il arriva que la jeune princesse courant un jour dans le château, et montant de chambre en chambre, alla jusqu'au haut d'un donjon dans un petit galetas, où une bonne vieille était seule à filer sa quenouille. Cette bonne femme n'avait point entendu parler des défenses que le roi avait faites de filer au fuseau.

-"Que faites-vous là, ma bonne femme ?» dit la princesse.

La Belle au Bois dormant

-»Je file, ma belle enfant« lui répondit la vieille qui ne la connaissait pas.

-»Ha! que cela est joli« reprit la princesse, «comment faites-vous? Donnez-moi que je voie si j'en ferais bien autant."

Elle n'eut pas plus tôt pris le fuseau, que comme elle était fort vive, un peu étourdie, et que d'ailleurs l'arrêt des fées l'ordonnait ainsi, elle s'en perça la main, et tomba évanouie.

La bonne vieille, bien embarrassée, crie au secours: on vient de tous côtés, on jette de l'eau au visage de la princesse, on la délace, on lui frappe dans les mains, on lui frotte les tempes avec de l'eau de la reine de Hongrie; mais rien ne la faisait revenir. Alors le roi, qui était monté au bruit, se souvint de la prédiction des fées, et jugeant bien qu'il fallait que cela arrivât, puisque les fées l'avaient dit, fit mettre la princesse dans le plus bel appartement du palais, sur un lit en broderie d'or et d'argent. On eût dit d'un ange, tant elle était belle; car son évanouissement n'avait pas ôté les couleurs vives de son teint: ses joues étaient incarnates, et ses lèvres comme du corail; elle avait seulement les yeux fermés, mais on l'entendait respirer doucement, ce qui montrait bien qu'elle n'était pas morte. Le roi ordonna qu'on la laissât dormir, jusqu'à ce que son heure de se réveiller fût venue.

La bonne fée qui lui avait sauvé la vie, en la condamnant à dormir cent ans, était dans le royaume de Mataquin, à douze mille lieues de là, lorsque l'accident arriva à la princesse; mais elle en fut avertie en un instant par un petit nain, qui avait des bottes de sept lieues (c'était des bottes avec lesquelles on faisait sept lieues d'une seule enjambée). La fée partit aussitôt, et on la vit au bout d'une heure arriver dans un chariot tout de feu, traîné par des dragons. Le roi lui alla présenter la main à la descente du chariot. Elle approuva tout ce qu'il avait fait; mais comme elle était grandement prévoyante, elle pensa que quand la princesse viendrait à se réveiller, elle serait bien embarrassée toute seule dans ce vieux château.

Voici ce qu'elle fit: elle toucha de sa baguette tout ce qui était dans ce château (hors le roi et la reine), gouvernantes, filles d'honneur, femmes de chambre, gentilshommes, officiers, maîtres d'hôtel, cuisiniers, marmitons, galopins, gardes, suisses, pages, valets de pied; elle toucha aussi tous les chevaux qui étaient dans les écuries, avec les palefreniers, les gros mâtins de basse-cour, et Pouffe, la petite chienne de la princesse, qui était auprès d'elle sur son lit. Dès qu'elle les eut touchés, ils s'endormirent tous, pour ne se réveiller qu'en même temps que leur maîtresse, afin d'être tout prêts à la servir quand elle en aurait besoin: les broches mêmes qui étaient au feu toutes pleines de perdrix et de faisans s'endormirent, et le feu aussi.

Tout cela se fit en un moment; les fées n'étaient pas longues à leur besogne. Alors le roi et la reine, après avoir embrassé leur chère enfant sans qu'elle s'éveillât, sortirent du château, et firent publier des défenses à qui que ce soit d'en approcher. Ces défenses n'étaient pas nécessaires, car il crût dans un quart d'heure tout autour du parc une si grande quantité de grands arbres et de petits, de ronces et d'épines entrelacées les unes dans les autres, que bête ni homme n'y aurait pu passer: en sorte qu'on ne voyait plus que le haut des tours du château, encore n'était-ce que de bien loin. On ne douta point que la fée n'eût encore fait là un tour de son métier, afin que la princesse, pendant qu'elle dormirait, n'eût rien à craindre des curieux.

Au bout de cent ans, le fils du roi qui régnait alors, et qui était d'une autre famille que la princesse endormie, étant allé à la chasse de ce côté-là, demanda ce que c'était que ces tours qu'il voyait au-dessus d'un grand bois fort épais; chacun lui répondit selon qu'il en avait ouï parler. Les uns disaient que c'était un vieux château où il revenait des esprits; les autres que tous les sorciers de la contrée y faisaient leur sabbat. La plus commune opinion était qu'un ogre y demeurait, et que là il emportait tous les enfants qu'il pouvait attraper, pour pouvoir les manger à son aise, et sans qu'on le pût suivre, ayant seul le pouvoir de se faire un passage au travers du bois. Le Prince ne savait qu'en croire, lorsqu'un vieux paysan prit la parole, et lui dit:

-"Mon prince, il y a plus de cinquante ans que j'ai entendu dire de mon père qu'il y avait dans ce château une princesse, la plus belle du monde; qu'elle devait y dormir cent ans, et qu'elle serait réveillée par le fils d'un roi, à qui elle était réservée."

Le jeune prince à ce discours se sentit tout de feu; il crut sans hésiter qu'il mettrait fin à une si belle aventure; et poussé par l'amour et par la gloire, il résolut de voir sur-le-champ ce qu'il en était. A peine s'avança-t-il vers le bois, que tous ces grands arbres, ces ronces et ces épines s'écartèrent d'eux-mêmes pour le laisser passer: il marche vers le château qu'il voyait au bout d'une grande avenue où il entra, et ce qui le surprit un peu, il vit que personne de ses gens ne l'avait pu suivre, parce que les arbres s'étaient rapprochés dès qu'il avait été passé. Il continua donc son chemin: un prince jeune et amoureux est toujours vaillant. Il entra dans une grande avant-cour où tout ce qu'il vit d'abord était capable de le glacer de crainte: c'était un silence affreux, l'image de la mort s'y présentait partout, et ce n'était que des corps étendus d'hommes et d'animaux, qui paraissaient morts. Il reconnut pourtant bien au nez bourgeonné et à la face vermeille des Suisses qu'ils n'étaient qu'endormis, et leurs tasses, où il y avait encore quelques gouttes de vin, montraient assez qu'ils s'étaient endormis en buvant. Il passe une grande cour pavée de marbre, il monte l'escalier, il entre dans la salle des gardes qui étaient rangés en haie, l'arme sur l'épaule, et ronflants de leur mieux. Il traverse plusieurs chambres pleines de gentilshommes et de dames, dormant tous, les uns debout, les autres assis; il entre dans une chambre toute dorée, et il vit sur un lit, dont les rideaux étaient ouverts de tous côtés, le plus beau spectacle qu'il eût jamais vu: une princesse qui paraissait avoir quinze ou seize ans, et dont l'éclat resplendissant avait quelque chose de lumineux et de divin. Il s'approcha en tremblant et en admirant, et se mit à genoux auprès d'elle.

Alors comme la fin de l'enchantement était venue, la ;princesse s'éveilla; et le regardant avec des yeux plus tendres qu'une première vue ne semblait le permettre: "Est-ce vous, mon prince? Lui dit-elle, vous vous êtes bien fait attendre." Le prince, charmé de ces paroles, et plus encore de la manière dont elles étaient dites, ne savait comment lui témoigner sa joie et sa reconnaissance; il l'assura qu'il l'aimait plus que lui-même. Ses discours furent mal rangés, ils en plurent davantage: peu d'éloquence, beaucoup d'amour. Il était plus embarrassé qu'elle, et l'on ne doit pas s'en étonner; elle avait eu le temps de songer à ce qu'elle aurait à lui dire, car il y a apparence (l'histoire n'en dit pourtant rien) que la bonne fée, pendant un si long sommeil, lui avait procuré le plaisir des songes agréables. Enfin il y avait quatre heures qu'ils se parlaient, et ils ne s'étaient pas encore dit la moitié des choses qu'ils avaient à se dire.

Cependant tout le palais s'était réveillé avec la princesse; chacun songeait à faire sa charge, et comme ils n'étaient pas tous amoureux, ils mouraient de faim; la dame d'honneur, pressée comme les autres, s'impatienta, et dit tout haut à la princesse que la viande était servie. Le prince aida la princesse à se lever; elle était tout habillée et fort magnifiquement; mais il se garda bien de lui dire qu'elle était habillée comme ma grand-mère, et qu'elle avait un collet monté: elle n'en était pas moins belle. Ils passèrent dans un salon de miroirs, et y soupèrent, servis par les officiers de la princesse; les violons et les hautbois jouèrent de vieilles pièces, mais excellentes, quoiqu'il y eût près de cent ans qu'on ne les jouât plus; et après souper, sans perdre de temps, le grand aumônier les maria dans la chapelle du château, et la dame d'honneur leur tira le rideau: ils dormirent peu, la princesse n'en avait pas grand besoin, et le prince la quitta dès le matin pour retourner à la ville, où son père devait être en peine de lui. Le prince lui dit qu'en chassant il s'était perdu dans la forêt, et qu'il avait couché dans la hutte d'un charbonnier, qui lui avait fait manger du pain noir et du fromage. Le roi son père, qui était bon homme, le crut, mais sa mère n'en fut pas bien persuadée, et voyant qu'il allait presque tous les jours à la chasse, et qu'il avait toujours une raison pour s'excuser, quand il avait couché deux ou trois nuits dehors, elle ne douta plus qu'il n'eût quelque amourette: car il vécut avec la princesse plus de deux ans entiers, et en eut deux enfants, dont le premier, qui fut une fille, fut nommée l'Aurore, et le second un fils, qu'on nomma le Jour, parce qu'il paraissait encore plus beau que sa soeur. La reine dit plusieurs fois à son fils, pour le faire s'expliquer, qu'il fallait se contenter dans la vie, mais il n'osa jamais lui confier son secret; il la craignait quoiqu'il l'aimât, car elle était de race ogresse, et le roi ne l'avait épousée qu'à cause de ses grands biens; on disait même tout bas à la cour qu'elle avait les inclinations des ogres, et qu'en voyant passer de petits enfants, elle avait toutes les peines du monde à se retenir de se jeter sur eux; ainsi le prince ne voulut jamais rien dire. Mais quand le roi fut mort, ce qui arriva au bout de deux ans, et qu'il se vit le maître, il déclara publiquement son mariage, et alla en grande cérémonie cherche la reine sa femme dans son château. On lui fit une entrée magnifique dans la ville capitale, où elle entra au milieu de ses deux enfants. Quelque temps après, le roi alla faire la guerre à l'empereur Cantalabutte son voisin. Il laissa la régence du royaume à la reine sa mère, et lui recommanda vivement sa femme et ses enfants: il devait être à la guerre tout l'été, et dès qu'il fut parti, la reine-mère envoya sa bru et ses enfants à une maison de campagne dans les bois, pour pouvoir plus aisément assouvir son horrible envie. Elle y alla quelques jours après, et dit un soir à son maître d'hôtel:

-"Je veux manger demain à mon dîner la petite Aurore».

-»Ah! Madame», dit le maître d'hôtel.

-»Je le veux», dit la reine (et elle le dit d'un ton d'ogresse qui a envie de manger de la chair fraîche), «et je veux la manger à la sauce-robert."

Ce pauvre homme, voyant bien qu'il ne fallait pas se jouer d'une ogresse, prit son grand couteau, et monta à la chambre de la petite Aurore: elle avait alors quatre ans, et vint en sautant et en riant se jeter à son cou, et lui demander du bonbon. Il se mit à pleurer, le couteau lui tomba des mains, et il alla dans la basse-cour couper la gorge à un petit agneau, et lui fit une si bonne sauce que sa maîtresse l'assura qu'elle n'avait jamais rien mangé de si bon. Il avait emporté en même temps la petite Aurore, et l'avait donnée à sa femme pour la cacher dans le logement qu'elle avait au fond de la basse-cour. Huit jours après, la méchante reine dit à son maître d'hôtel:

-"Je veux manger à mon souper le petit Jour."

Il ne répliqua pas, résolu de la tromper comme l'autre fois; il alla chercher le petit Jour, et le trouva avec un petit fleuret à la main, dont il faisait des armes avec un gros singe: il n'avait pourtant que trois ans. Il le porta à sa femme qui le cacha avec la petite Aurore, et donna à la place du petit Jour un petit chevreau fort tendre, que l'ogresse trouva admirablement bon.

Cela avait fort bien été jusque-là, mais un soir cette méchante reine dit au maître d'hôtel: "Je veux manger la reine à la même sauce que ses enfants." Ce fut alors que le pauvre maître d'hôtel désespéra de pouvoir encore la tromper. La jeune reine avait vingt ans passés, sans compter les cent ans qu'elle avait dormi: sa peau était un peu dure, quoique belle et blanche; et le moyen de trouver dans la ménagerie une bête aussi dure que cela? Il prit la résolution, pour sauver sa vie, de couper la gorge à la reine, et monta dans sa chambre, dans l'intention de n'en pas faire à deux fois; il s'excitait à la fureur, et entra le poignard à la main dans la chambre de la jeune reine. Il ne voulut pourtant point la surprendre, et il lui dit avec beaucoup de respect l'ordre qu'il avait reçu de la reine-mère.

-"Faites votre devoir», lui dit-elle, en lui tendant le cou; «exécutez l'ordre qu'on vous a donné; j'irai revoir mes enfants, mes pauvres enfants que j'ai tant aimés"; car elle les croyait morts depuis qu'on les avait enlevés sans rien lui dire.

-"Non, non, Madame, lui répondit le pauvre maître d'hôtel tout attendri, vous ne mourrez point, et vous pourrez revoir vos chers enfants, mais ce sera chez moi où je les ai cachés, et je tromperai encore la reine, en lui faisant manger une jeune biche en votre place."

Il la mena aussitôt à sa chambre, où la laissant embrasser ses enfants et pleurer avec eux, il alla accommoder une biche, que la reine mangea à son souper, avec le même appétit que si c'eût été la jeune reine. Elle était bien contente de sa cruauté, et elle se préparait à dire au roi, à son retour, que les loups enragés avaient mangé la reine sa femme et ses deux enfants.

Un soir qu'elle rôdait comme d'habitude dans les cours et basses-cours du château pour y humer quelque viande fraîche, elle entendit dans une salle basse le petit Jour qui pleurait, parce que la reine sa mère le voulait faire fouetter, parce qu'il avait été méchant, et elle entendit aussi la petite Aurore qui demandait pardon pour son frère. L'ogresse reconnut la voix de la reine et de ses enfants, et furieuse d'avoir été trompée, elle commande dès le lendemain au matin, avec une voix épouvantable, qui faisait trembler tout le monde, qu'on apportât au milieu de la cour une grande cuve, qu'elle fit remplir de crapauds, de vipères, de couleuvres et de serpents, pour y faire jeter la reine et ses enfants, le maître d'hôtel, sa femme et sa servante: elle avait donné ordre de les amener les mains liées derrière le dos. Ils étaient là, et les bourreaux se préparaient à les jeter dans la cuve, Lorsque le roi, qu'on n'attendait pas si tôt, entra dans la cour à cheval; il était venu en poste, et demanda tout étonné ce que voulait dire cet horrible spectacle; personne n'osait l'en instruire, quand l'ogresse, enragée de voir ce qu'elle voyait, se jeta elle-même la tête la première dans la cuve, et fut dévorée en un instant par les vilaines bêtes qu'elle y avait fait mettre. Le roi ne put s'empêcher d'en être fâché, car elle était sa mère; mais il s'en consola bientôt avec sa belle femme et ses enfants.

The Sleeping Beauty in the Wood

Once upon a time there lived a king and queen who were grieved, more grieved than words can tell, because they had no children. They tried the waters of every country, made vows and pilgrimages, and did everything that could be done, but without result. At last, however, the queen found that her wishes were fulfilled, and in due course she gave birth to a daughter.

A grand christening was held, and all the fairies that could be found in the realm (they numbered seven in all) were invited to be godmothers to the little princess. This was done so that by means of the gifts which each in turn would bestow upon her (in accordance with the fairy custom of those days) the princess might be endowed with every imaginable perfection.

When the christening ceremony was over, all the company returned to the king's palace, where a great banquet was held in honor of the fairies. Places were laid for them in magnificent style, and before each was placed a solid gold casket containing a spoon, fork, and knife of fine gold, set with diamonds and rubies. But just as all were sitting down to table an aged fairy was seen to enter, whom no one had thought to invite -- the reason being that for more than fifty years she had never quitted the tower in which she lived, and people had supposed her to be dead or bewitched.

By the king's orders a place was laid for her, but it was impossible to give her a golden casket like the others, for only seven had been made for the seven fairies. The old creature believed that she was intentionally slighted, and muttered threats between her teeth.

She was overheard by one of the young fairies, who was seated nearby. The latter, guessing that some mischievous gift might be bestowed upon the little princess, hid behind the tapestry as soon as the company left the table. Her intention was to be the last to speak, and so to have the power of counteracting, as far as possible, any evil which the old fairy might do.

Presently the fairies began to bestow their gifts upon the princess. The youngest ordained that she should be the most beautiful person in the world; the next, that she should have the temper of an angel; the third, that she should do everything with wonderful grace; the fourth, that she should dance to perfection; the fifth, that she should sing like a nightingale; and the sixth, that she should play every kind of music with the utmost skill.

It was now the turn of the aged fairy. Shaking her head, in token of spite rather than of infirmity, she declared that the princess should prick her hand with a spindle, and die of it. A shudder ran through the company at this terrible gift. All eyes were filled with tears.

But at this moment the young fairy stepped forth from behind the tapestry.

"Take comfort, your Majesties," she cried in a loud voice. "Your daughter shall not die. My power, it is true, is not enough to undo all that my aged kinswoman has decreed. The princess will indeed prick her hand with a spindle. But instead of dying she shall merely fall into a profound slumber that will last a hundred years. At the end of that time a king's son shall come to awaken her."

The king, in an attempt to avert the unhappy doom pronounced by the old fairy, at once published an edict forbidding all persons, under pain of death, to use a spinning wheel or keep a spindle in the house.

The Sleeping Beauty in the Wood

At the end of fifteen or sixteen years the king and queen happened one day to be away, on pleasure bent. The princess was running about the castle, and going upstairs from room to room she came at length to a garret at the top of a tower, where an old serving woman sat alone with her distaff, spinning. This good woman had never heard speak of the king's proclamation forbidding the use of spinning wheels.

"What are you doing, my good woman?" asked the princess.

"I am spinning, my pretty child," replied the dame, not knowing who she was.

"Oh, what fun!" rejoined the princess. "How do you do it? Let me try and see if I can do it equally well."

Partly because she was too hasty, partly because she was a little heedless, but also because the fairy decree had ordained it, no sooner had she seized the spindle than she pricked her hand and fell down in a swoon.

In great alarm the good dame cried out for help. People came running from every quarter to the princess. They threw water on her face, chafed her with their hands, and rubbed her temples with the royal essence of Hungary. But nothing would restore her.

Then the king, who had been brought upstairs by the commotion, remembered the fairy prophecy. Feeling certain that what had happened was inevitable, since the fairies had decreed it, he gave orders that the princess should be placed in the finest apartment in the palace, upon a bed embroidered in gold and silver.

You would have thought her an angel, so fair was she to behold. The trance had not taken away the lovely color of her complexion. Her cheeks were delicately flushed, her lips like coral. Her eyes, indeed, were closed, but her gentle breathing could be heard, and it was therefore plain that she was not dead. The king commanded that she should be left to sleep in peace until the hour of her awakening should come.

When the accident happened to the princess, the good fairy who had saved her life by condemning her to sleep a hundred years was in the kingdom of Mataquin, twelve thousand leagues away. She was instantly warned of it, however, by a little dwarf who had a pair of seven-league boots, which are boots that enable one to cover seven leagues at a single step. The fairy set off at once, and within an hour her chariot of fire, drawn by dragons, was seen approaching.

The king handed her down from her chariot, and she approved of all that he had done. But being gifted with great powers of foresight, she bethought herself that when the princess came to be awakened, she would be much distressed to find herself all alone in the old castle. And this is what she did.

She touched with her wand everybody (except the king and queen) who was in the castle -- governesses, maids of honor, ladies-in-waiting, gentlemen, officers, stewards, cooks, scullions, errand boys, guards, porters, pages, footmen. She touched likewise all the horses in the stables, with their grooms, the big mastiffs in the courtyard, and little Puff, the pet dog of the princess, who was lying on the bed beside his mistress. The moment she had touched them they all fell asleep, to awaken only at the same moment as their mistress. Thus they would always be ready with their service whenever she should require it. The very spits before the fire, loaded with partridges and pheasants, subsided into slumber, and the fire as well. All was done in a moment, for the fairies do not take long over their work.

Then the king and queen kissed their dear child, without waking her, and left the castle. Proclamations were issued, forbidding any approach to it, but these warnings were not needed, for within a quarter of an hour there grew up all round the park so vast a quantity of trees big and small, with interlacing brambles and thorns, that neither man nor beast could penetrate them. The tops alone of the castle towers could be seen, and these only from a distance. Thus did the fairy's magic contrive that the princess, during all the time of her slumber, should have naught whatever to fear from prying eyes.

At the end of a hundred years the throne had passed to another family from that of the sleeping princess. One day the king's son chanced to go a-hunting that way, and seeing in the distance some towers in the midst of a large and dense forest, he asked what they were. His attendants told him in reply the various stories which they had heard. Some said there was an old castle haunted by ghosts, others that all the witches of the neighborhood held their revels there. The favorite tale was that in the castle lived an ogre, who carried thither all the children whom he could catch. There he devoured them at his leisure, and since he was the only person who could force a passage through the wood nobody had been able to pursue him.

While the prince was wondering what to believe, an old peasant took up the tale.

"Your Highness," said he, "more than fifty years ago I heard my father say that in this castle lies a princess, the most beautiful that has ever been seen. It is her doom to sleep there for a hundred years, and then to be awakened by a king's son, for whose coming she waits."

This story fired the young prince. He jumped immediately to the conclusion that it was for him to see so gay an adventure through, and impelled alike by the wish for love and glory, he resolved to set about it on the spot.

Hardly had he taken a step towards the wood when the tall trees, the brambles and the thorns, separated of themselves and made a path for him. He turned in the direction of the castle, and espied it at the end of a long avenue. This avenue he entered, and was surprised to notice that the trees closed up again as soon as he had passed, so that none of his retinue were able to follow him. A young and gallant prince is always brave, however; so he continued on his way, and presently reached a large forecourt.

The sight that now met his gaze was enough to fill him with an icy fear. The silence of the place was dreadful, and death seemed all about him. The recumbent figures of men and animals had all the appearance of being lifeless, until he perceived by the pimply noses and ruddy faces of the porters, that they merely slept. It was plain, too, from their glasses, in which were still some dregs of wine, that they had fallen asleep while drinking.

The prince made his way into a great courtyard, paved with marble, and mounting the staircase entered the guardroom. Here the guards were lined up on either side in two ranks, their muskets on their shoulders, snoring their hardest. Through several apartments crowded with ladies and gentlemen in waiting, some seated, some standing, but all asleep, he pushed on, and so came at last to a chamber which was decked all over with gold. There he encountered the most beautiful sight he had ever seen. Reclining upon a bed, the curtains of which on every side were drawn back, was a princess of seemingly some fifteen or sixteen summers, whose radiant beauty had an almost unearthly luster.

Trembling in his admiration he drew near and went on his knees beside her. At the same moment, the hour of disenchantment having come, the princess awoke, and bestowed upon him a look more tender than a first glance might seem to warrant.

"Is it you, dear prince?" she said. "You have been long in coming!"

Charmed by these words, and especially by the manner in which they were said, the prince scarcely knew how to express his delight and gratification. He declared that he loved her better than he loved himself. His words were faltering, but they pleased the more for that. The less there is of eloquence, the more there is of love.

Her embarrassment was less than his, and that is not to be wondered at, since she had had time to think of what she would say to him. It seems (although the story says nothing about it) that the good fairy had beguiled her long slumber with pleasant dreams. To be brief, after four hours of talking they had not succeeded in uttering one half of the things they had to say to each other.

Now the whole palace had awakened with the princess. Everyone went about his business, and since they were not all in love they presently began to feel mortally hungry. The lady-in-waiting, who was suffering like the rest, at length lost patience, and in a loud voice called out to the princess that supper was served.

The princess was already fully dressed, and in most magnificent style. As he helped her to rise, the prince refrained from telling her that her clothes, with the straight collar which she wore, were like those to which his grandmother had been accustomed. And in truth, they in no way detracted from her beauty.

They passed into an apartment hung with mirrors, and were there served with supper by the stewards of the household, while the fiddles and oboes played some old music and played it remarkably well, considering they had not played at all for just upon a hundred years. A little later, when supper was over, the chaplain married them in the castle chapel, and in due course, attended by the courtiers in waiting, they retired to rest.

They slept but little, however. The princess, indeed, had not much need of sleep, and as soon as morning came the prince took his leave of her. He returned to the city, and told his father, who was awaiting him with some anxiety, that he had lost himself while hunting in the forest, but had obtained some black bread and cheese from a charcoal burner, in whose hovel he had passed the night.

His royal father, being of an easygoing nature, believed the tale, but his mother was not so easily hoodwinked. She noticed that he now went hunting every day, and that he always had an excuse handy when he had slept two or three nights from home. She felt certain, therefore, that he had some love affair.

Two whole years passed since the marriage of the prince and princess, and during that time they had two children. The first, a daughter, was called "Dawn," while the second, a boy, was named "Day," because he seemed even more beautiful than his sister.

Many a time the queen told her son that he ought to settle down in life. She tried in this way to make him confide in her, but he did not dare to trust her with his secret. Despite the affection which he bore her, he was afraid of his mother, for she came of a race of ogres, and the king had only married her for her wealth.

It was whispered at the court that she had ogrish instincts, and that when little children were near her she had the greatest difficulty in the world to keep herself from pouncing on them.

No wonder the prince was reluctant to say a word.

But at the end of two years the king died, and the prince found himself on the throne. He then made public announcement of his marriage, and went in state to fetch his royal consort from her castle. With her two children beside her she made a triumphal entry into the capital of her husband's realm.

Some time afterwards the king declared war on his neighbor, the Emperor Cantalabutte. He appointed the queen mother as regent in his absence, and entrusted his wife and children to her care.

He expected to be away at the war for the whole of the summer, and as soon as he was gone the queen mother sent her daughter-in-law and the two children to a country mansion in the forest. This she did that she might be able the more easily to gratify her horrible longings. A few days later she went there and in the evening summoned the chief steward.

"For my dinner tomorrow," she told him, "I will eat little Dawn."

"Oh, Madam!" exclaimed the steward.

"That is my will," said the queen; and she spoke in the tones of an ogre who longs for raw meat.

"You will serve her with piquant sauce," she added.

The poor man, seeing plainly that it was useless to trifle with an ogress, took his big knife and went up to little Dawn's chamber. She was at that time four years old, and when she came running with a smile to greet him, flinging her arms round his neck and coaxing him to give her some sweets, he burst into tears, and let the knife fall from his hand.

Presently he went down to the yard behind the house, and slaughtered a young lamb. For this he made so delicious a sauce that his mistress declared she had never eaten anything so good.

At the same time the steward carried little Dawn to his wife, and bade the latter hide her in the quarters which they had below the yard.

Eight days later the wicked queen summoned her steward again.

"For my supper," she announced, "I will eat little Day."

The steward made no answer, being determined to trick her as he had done previously. He went in search of little Day, whom he found with a tiny foil in his hand, making brave passes -- though he was but three years old -- at a big monkey. He carried him off to his wife, who stowed him away in hiding with little Dawn. To the ogress the steward served up, in place of Day, a young kid so tender that she found it surpassingly delicious.

So far, so good. But there came an evening when this evil queen again addressed the steward.

"I have a mind," she said, "to eat the queen with the same sauce as you served with her children."

This time the poor steward despaired of being able to practice another deception. The young queen was twenty years old, without counting the hundred years she had been asleep. Her skin, though white and beautiful, had become a little tough, and what animal could he possibly find that would correspond to her? He made up his mind that if he would save his own life he must kill the queen, and went upstairs to her apartment determined to do the deed once and for all. Goading himself into a rage he drew his knife and entered the young queen's chamber, but a reluctance to give her no moment of grace made him repeat respectfully the command which he had received from the queen mother.

"Do it! do it!" she cried, baring her neck to him; "carry out the order you have been given! Then once more I shall see my children, my poor children that I loved so much!"

Nothing had been said to her when the children were stolen away, and she believed them to be dead.

The poor steward was overcome by compassion. "No, no, Madam," he declared. "You shall not die, but you shall certainly see your children again. That will be in my quarters, where I have hidden them. I shall make the queen eat a young hind in place of you, and thus trick her once more."

Without more ado he led her to his quarters, and leaving her there to embrace and weep over her children, proceeded to cook a hind with such art that the queen mother ate it for her supper with as much appetite as if it had indeed been the young queen.

The queen mother felt well satisfied with her cruel deeds, and planned to tell the king, on his return, that savage wolves had devoured his consort and his children. It was her habit, however, to prowl often about the courts and alleys of the mansion, in the hope of scenting raw meat, and one evening she heard the little boy Day crying in a basement cellar. The child was weeping because his mother had threatened to whip him for some naughtiness, and she heard at the same time the voice of Dawn begging forgiveness for her brother.

The ogress recognized the voices of the queen and her children, and was enraged to find she had been tricked. The next morning, in tones so affrighting that all trembled, she ordered a huge vat to be brought into the middle of the courtyard. This she filled with vipers and toads, with snakes and serpents of every kind, intending to cast into it the queen and her children, and the steward with his wife and serving girl. By her command these were brought forward, with their hands tied behind their backs.

There they were, and her minions were making ready to cast them into the vat, when into the courtyard rode the king! Nobody had expected him so soon, but he had traveled posthaste. Filled with amazement, he demanded to know what this horrible spectacle meant.

None dared tell him, and at that moment the ogress, enraged at what confronted her, threw herself head foremost into the vat, and was devoured on the instant by the hideous creatures she had placed in it.

The king could not but be sorry, for after all she was his mother; but it was not long before he found ample consolation in his beautiful wife and children.

CENDRILLON

*I*l était une fois un gentilhomme qui épousa en secondes noces une femme, la plus hautaine et la plus fière qu'on eût jamais vue. Elle avait deux filles de son humeur, et qui lui ressemblaient en toutes choses. Le mari avait de son côté une jeune fille, mais d'une douceur et d'une bonté sans exemple; elle tenait cela de sa mère, qui était la meilleure femme du monde. Les noces ne furent pas plus tôt faites, que la belle-mère fit éclater sa mauvaise humeur; elle ne put souffrir les bonnes qualités de cette jeune enfant, qui rendaient ses filles encore plus haïssables. Elle la chargea des plus viles occupations de la maison: c'était elle qui nettoyait la vaisselle et les montées, qui frottait la chambre de madame, et celles de mesdemoiselles ses filles. Elle couchait tout en haut de la maison, dans un grenier, sur une méchante paillasse, pendant que ses soeurs étaient dans des chambres parquetées, où elles avaient des lits des plus à la mode, et des miroirs où elles se voyaient depuis les pieds jusqu'à la tête. La pauvre fille souffrait tout avec patience, et n'osait s'en plaindre à son père qui l'aurait grondée, parce que sa femme le gouvernait entièrement. Lorsqu'elle avait fait son ouvrage, elle s'en allait au coin de la cheminée, et s'asseoir dans les cendres, ce qui faisait qu'on l'appelait communément dans le logis Cucendron. La cadette, qui n'était pas si malhonnête que son aînée, l'appelait Cendrillon; cependant Cendrillon, avec ses méchants habits, ne laissait pas d'être cent fois plus belle que ses soeurs, quoique vêtues très magnifiquement.

Il arriva que le fils du roi donna un bal, et qu'il y invita toutes les personnes de qualité: nos deux demoiselles en furent aussi invitées, car elles faisaient grande figure dans le pays. Les voilà bien aises et bien occupées à choisir les habits et les coiffures qui leur siéraient le mieux; nouvelle peine pour Cendrillon, car c'était elle qui repassait le linge de ses soeurs et qui godronnait leurs manchettes: on ne parlait que de la manière dont on s'habillerait.

-"Moi, dit l'aînée, je mettrai mon habit de velours rouge et ma garniture d'Angleterre.»

-»Moi, dit la cadette, je n'aurai que ma jupe ordinaire; mais par contre, je mettrai mon manteau à fleurs d'or, et ma barrière de diamants, qui n'est pas des plus indifférentes."

On envoya chercher la bonne coiffeuse, pour dresser les cornettes à deux rangs, et on fit acheter des mouches de la bonne faiseuse : elles appelèrent Cendrillon pour lui demander son avis, car elle avait bon goût. Cendrillon les conseilla le mieux du monde, et s'offrit même à les coiffer; ce qu'elles voulurent bien. En les coiffant, elles lui disaient:

-"Cendrillon, serais-tu bien aise d'aller au bal ?»

-»Hélas, mesdemoiselles, vous vous moquez de moi, ce n'est pas là ce qu'il me faut.»

-» Tu as raison, on rirait bien si on voyait un cucendron aller au bal."

Une autre que Cendrillon les aurait coiffées de travers; mais elle était bonne, et elle les coiffa parfaitement bien. Elles furent près de deux jours sans manger, tant elles étaient emplies de joie. On rompit plus de douze lacets à force de les serrer pour leur rendre la taille plus menue, et elles étaient toujours devant leur miroir. Enfin l'heureux jour arriva, on partit, et Cendrillon les suivit des yeux le plus longtemps qu'elle put; lorsqu'elle ne les vit plus, elle se mit à pleurer. Sa marraine, qui la vit toute en pleurs, lui demanda ce qu'elle avait :

CENDRILLON

-"Je voudrais bien... je voudrais bien..."

Elle pleurait si fort qu'elle ne put achever. Sa marraine, qui était fée, lui dit:

-"Tu voudrais bien aller au bal, n'est-ce pas ?

-»Hélas oui» dit Cendrillon en soupirant.

-»Hé bien, seras-tu bonne fille ?» dit sa marraine, je t'y ferai aller.

Elle la mena dans sa chambre, et lui dit :

-"Va dans le jardin et apporte-moi une citrouille."

Cendrillon alla aussitôt cueillir la plus belle qu'elle put trouver, et la porta à sa marraine, ne pouvant deviner comment cette citrouille pourrait la faire aller au bal. Sa marraine la creusa, et n'ayant laissé que l'écorce, la frappa de sa baguette, et la citrouille fut aussitôt changée en un beau carrosse tout doré. Ensuite elle alla regarder dans sa souricière, où elle trouva six souris toutes en vie ; elle dit à Cendrillon de lever un peu la trappe de la souricière, et à chaque souris qui sortait, elle lui donnait un coup de sa baguette, et la souris était aussitôt changée en un beau cheval; ce qui fit un bel attelage de six chevaux, d'un beau gris de souris pommelé. Comme elle était en peine de quoi elle ferait un cocher:

-"Je vais voir, dit Cendrillon, s'il n'y a point quelque rat dans la ratière, nous en ferons un cocher.»

-»Tu as raison», dit sa marraine «va voir."

Cendrillon lui apporta la ratière, où il y avait trois gros rats. La fée en prit un d'entre les trois, à cause de sa maîtresse barbe, et l'ayant touché, il fut changé en un gros cocher, qui avait une des plus belles moustaches qu'on ait jamais vues. Ensuite elle lui dit:

-"Va dans le jardin, tu y trouveras six lézards derrière l'arrosoir, apporte-les-moi.»

Elle ne les eut pas plus tôt apportés, que la marraine les changea en six laquais, qui montèrent aussitôt derrière le carrosse avec leurs habits chamarrés, et qui s'y tenaient accrochés, comme s'ils n'eussent fait autre chose toute leur vie. La fée dit alors à Cendrillon :

-"Hé bien, voilà de quoi aller au bal, n'es-tu pas bien aise?

-»Oui, mais est-ce que j'irai comme ça avec mes vilains habits?"

Sa marraine ne fit que la toucher avec sa baguette, et en même temps ses habits furent changés en des habits de drap d'or et d'argent tout chamarrés de pierreries; elle lui donna ensuite une paire de pantoufles de verre, les plus jolies du monde. Quand elle fut ainsi parée, elle monta en carrosse; mais sa marraine lui recommanda instamment de ne pas dépasser minuit, l'avertissant que si elle demeurait au bal un moment de plus, son carrosse redeviendrait citrouille, ses chevaux des souris, ses laquais des lézards, et que ses vieux habits reprendraient leur première forme. Elle promit à sa marraine qu'elle ne manquerait pas de sortir du bal avant minuit. Elle part, ne se sentant pas de joie. Le fils du roi, qu'on alla avertir qu'il venait d'arriver une grande princesse qu'on ne connaissait point, courut la recevoir; il lui donna la main à la descente du carrosse, et la mena dans la salle où était la compagnie. Il se fit alors un grand silence; on cessa de danser, et les violons ne jouèrent plus, tant on était attentif à contempler les grandes beautés de cette inconnue. On n'entendait qu'un bruit confus:

-"Ha, qu'elle est belle!"

Le roi même, tout vieux qu'il était, ne lassait pas de la regarder, et de dire tout bas à la reine qu'il y avait longtemps qu'il n'avait vu une si belle et si aimable dame. Toutes les dames étaient attentives à considérer sa coiffure et ses habits, pour en avoir dès le lendemain de semblables, pourvu qu'il se trouvât des étoffes assez belles, et des ouvriers assez habiles. Le fils du roi la mit à la place d'honneur, et ensuite la prit pour la mener danser: elle dansa avec tant de grâce, qu'on l'admira encore davantage. On apporta une fort belle collation, dont le jeune prince ne mangea point, tant il était occupé à la contempler. Elle alla s'asseoir auprès de ses soeurs, et leur fit mille honnêtetés: elle leur fit part des oranges et des citrons que le Prince lui avait donnés, ce qui les étonna fort, car elles ne la connaissaient point. Lorsqu'elles causaient ainsi, Cendrillon entendit sonner onze heures trois quarts: elle fit aussitôt une grande révérence à la compagnie, et s'en alla le plus vite qu'elle put. Dès qu'elle fut arrivée, elle alla trouver sa marraine, et après l'avoir remerciée, elle lui dit qu'elle souhaiterait bien aller encore le lendemain au bal, parce que le fils du roi l'en avait priée. Comme elle était occupée à raconter à sa marraine tout ce qui s'était passé au bal, les deux soeurs frappèrent à la porte; Cendrillon alla leur ouvrir:

-"Que vous avez mis longtemps à revenir!" leur dit-elle en bâillant, en se frottant les yeux, et en s'étendant comme si elle n'eût fait que de se réveiller; elle n'avait cependant pas eu envie de dormir depuis qu'elles s'étaient quittées.

-"Si tu étais venue au bal, lui dit une de ses soeurs, tu ne t'y serais pas ennuyée: il y est venu la plus belle princesse, la plus belle qu'on puisse jamais voir; elle nous a fait mille civilités, elle nous a donné des oranges et des citrons."

Cendrillon ne se sentait pas de joie: elle leur demanda le nom de cette princesse; mais elles lui répondirent qu'on ne la connaissait pas, que le fils du roi en était fort en peine, et qu'il donnerait toutes choses au monde pour savoir qui elle était. Cendrillon sourit et leur dit:

-"Elle était donc bien belle? Mon Dieu, que vous êtes heureuses, ne pourrais-je point la voir? Hélas! Mademoiselle Javotte, prêtez-moi votre habit jaune que vous mettez tous les jours.»

-»Vraiment», dit Mademoiselle Javotte,»je suis de cet avis! Prêtez votre habit à un vilain cucendron comme cela, il faudrait que je fusse bien folle."

Cendrillon s'attendait bien à ce refus, et elle en fut bien aise, car elle aurait été grandement embarrassée si sa soeur eût bien voulu lui prêter son habit. Le lendemain les deux soeurs furent au bal, et Cendrillon aussi, mais encore plus parée que la première fois. Le fils du roi fut toujours auprès d'elle, et ne cessa de lui conter des douceurs; la jeune demoiselle ne s'ennuyait point, et oublia ce que sa marraine lui avait recommandé; de sorte qu'elle entendit sonner le premier coup de minuit, lorsqu'elle ne croyait pas qu'il fût encore onze heures: elle se leva et s'enfuit aussi légèrement qu'aurait fait une biche. Le prince la suivit, mais il ne put l'attraper; elle laissa tomber une de ses pantoufles de verre, que le prince ramassa bien soigneusement. Cendrillon arriva chez elle bien essoufflée, sans carrosse, sans laquais, et avec ses méchants habits, rien ne lui étant resté

CENDRILLON

de toute sa magnificence qu'une de ses petites pantoufles, la pareille de celle qu'elle avait laissée tomber. On demanda aux gardes de la porte du palais s'ils n'avaient point vu sortir une princesse; ils dirent qu'ils n'avaient vu sortir personne, qu'une jeune fille fort mal vêtue, et qui avait plus l'air d'une paysanne que d'une demoiselle. Quand ses deux soeurs revinrent du bal, Cendrillon leur demanda si elles s'étaient encore bien diverties, et si belle dame y avait été. Elles lui dirent que oui, mais qu'elle s'était enfuie lorsque minuit avait sonné, et si promptement qu'elle avait laissé tomber une de ses petites pantoufles de verre, la plus jolie du monde; que le fils du roi l'avait ramassée, et qu'il n'avait fait que la regarder pendant tout le reste du bal, et qu'assurément il était fort amoureux de la belle dame à qui appartenait la petite pantoufle. Elles dirent vrai, car peu de jours après, le fils du roi fit publier à son de trompe qu'il épouserait celle dont le pied serait bien juste à la pantoufle. On commença à l'essayer aux princesses, ensuite aux duchesses, et à toute la cour, mais inutilement. On la porta chez les deux soeurs, qui firent tout leur possible pour faire entrer leur pied dans la pantoufle, mais elles ne purent en venir à bout. Cendrillon qui les regardait, et qui reconnut sa pantoufle, dit en riant :

-'Que je voie si elle ne me serait pas bonne!"

Ses soeurs se mirent à rire et à se moquer d'elle. Le gentilhomme qui faisait l'essai de la pantoufle, ayant regardé attentivement Cendrillon, et la trouvant fort belle, dit que cela était juste, et qu'il avait ordre de l'essayer à toutes les filles. Il fit asseoir Cendrillon, et approchant la pantoufle de son petit pied, il vit qu'elle y entrait sans peine, et qu'elle y était juste comme de cire. L'étonnement des deux soeurs fut grand, mais plus grand encore quand Cendrillon tira de sa poche l'autre petite pantoufle qu'elle mit à son pied. Là-dessus arriva la marraine qui, ayant donné un coup de sa baguette sur les habits de Cendrillon, les fit devenir encore plus magnifiques que tous les autres.

Alors ses deux soeurs la reconnurent pour la belle dame qu'elles avaient vue au bal. Elles se jetèrent à ses pieds pour lui demander pardon de tous les mauvais traitements qu'elles lui avaient fait souffrir. Cendrillon les releva, et leur dit, en les embrassant, qu'elle leur pardonnait de bon coeur, et qu'elle les priait de l'aimer bien toujours. On la mena chez le jeune prince, parée comme elle était: il la trouva encore plus belle que jamais, et peu de jours après il l'épousa. Cendrillon, qui était aussi bonne que belle, fit loger ses deux soeurs au palais, et les maria dès le jour même à deux grands seigneurs de la cour.

Cinderella; or, The Little Glass Slipper

Once there was a gentleman who married, for his second wife, the proudest and most haughty woman that was ever seen. She had, by a former husband, two daughters of her own, who were, indeed, exactly like her in all things. He had likewise, by another wife, a young daughter, but of unparalleled goodness and sweetness of temper, which she took from her mother, who was the best creature in the world.

No sooner were the ceremonies of the wedding over but the stepmother began to show herself in her true colors. She could not bear the good qualities of this pretty girl, and the less because they made her own daughters appear the more odious. She employed her in the meanest work of the house. She scoured the dishes, tables, etc., and cleaned madam's chamber, and those of misses, her daughters. She slept in a sorry garret, on a wretched straw bed, while her sisters slept in fine rooms, with floors all inlaid, on beds of the very newest fashion, and where they had looking glasses so large that they could see themselves at their full length from head to foot.

The poor girl bore it all patiently, and dared not tell her father, who would have scolded her; for his wife governed him entirely. When she had done her work, she used to go to the chimney corner, and sit down there in the cinders and ashes, which caused her to be called Cinderwench. Only the younger sister, who was not so rude and uncivil as the older one, called her Cinderella. However, Cinderella, notwithstanding her coarse apparel, was a hundred times more beautiful than her sisters, although they were always dressed very richly.

It happened that the king's son gave a ball, and invited all persons of fashion to it. Our young misses were also invited, for they cut a very grand figure among those of quality. They were mightily delighted at this invitation, and wonderfully busy in selecting the gowns, petticoats, and hair dressing that would best become them. This was a new difficulty for Cinderella; for it was she who ironed her sister's linen and pleated their ruffles. They talked all day long of nothing but how they should be dressed.

"For my part," said the eldest, "I will wear my red velvet suit with French trimming."

"And I," said the youngest, "shall have my usual petticoat; but then, to make amends for that, I will put on my gold-flowered cloak, and my diamond stomacher, which is far from being the most ordinary one in the world."

They sent for the best hairdresser they could get to make up their headpieces and adjust their hairdos, and they had their red brushes and patches from Mademoiselle de la Poche.

They also consulted Cinderella in all these matters, for she had excellent ideas, and her advice was always good. Indeed, she even offered her services to fix their hair, which they very willingly accepted. As she was doing this, they said to her, "Cinderella, would you not like to go to the ball?"

"Alas!" said she, "you only jeer me; it is not for such as I am to go to such a place."

"You are quite right," they replied. "It would make the people laugh to see a Cinderwench at a ball."

Cinderella; or, The Little Glass Slipper

Anyone but Cinderella would have fixed their hair awry, but she was very good, and dressed them perfectly well. They were so excited that they hadn't eaten a thing for almost two days. Then they broke more than a dozen laces trying to have themselves laced up tightly enough to give them a fine slender shape. They were continually in front of their looking glass. At last the happy day came. They went to court, and Cinderella followed them with her eyes as long as she could. When she lost sight of them, she started to cry.

Her godmother, who saw her all in tears, asked her what was the matter.

"I wish I could. I wish I could." She was not able to speak the rest, being interrupted by her tears and sobbing.

This godmother of hers, who was a fairy, said to her, "You wish that you could go to the ball; is it not so?"

"Yes," cried Cinderella, with a great sigh.

"Well," said her godmother, "be but a good girl, and I will contrive that you shall go." Then she took her into her chamber, and said to her, "Run into the garden, and bring me a pumpkin."

Cinderella went immediately to gather the finest she could get, and brought it to her godmother, not being able to imagine how this pumpkin could help her go to the ball. Her godmother scooped out all the inside of it, leaving nothing but the rind. Having done this, she struck the pumpkin with her wand, and it was instantly turned into a fine coach, gilded all over with gold.

She then went to look into her mousetrap, where she found six mice, all alive, and ordered Cinderella to lift up a little the trapdoor. She gave each mouse, as it went out, a little tap with her wand, and the mouse was that moment turned into a fine horse, which altogether made a very fine set of six horses of a beautiful mouse colored dapple gray.

Being at a loss for a coachman, Cinderella said, "I will go and see if there is not a rat in the rat trap that we can turn into a coachman."

"You are right," replied her godmother, "Go and look."

Cinderella brought the trap to her, and in it there were three huge rats. The fairy chose the one which had the largest beard, touched him with her wand, and turned him into a fat, jolly coachman, who had the smartest whiskers that eyes ever beheld.

After that, she said to her, "Go again into the garden, and you will find six lizards behind the watering pot. Bring them to me."

She had no sooner done so but her godmother turned them into six footmen, who skipped up immediately behind the coach, with their liveries all bedaubed with gold and silver, and clung as close behind each other as if they had done nothing else their whole lives. The fairy then said to Cinderella, "Well, you see here an equipage fit to go to the ball with; are you not pleased with it?"

"Oh, yes," she cried; "but must I go in these nasty rags?"

Her godmother then touched her with her wand, and, at the same instant, her clothes turned into cloth of gold and silver, all beset with jewels. This done, she gave her a pair of glass slippers, the prettiest in the whole world. Being thus decked out, she got up into her coach; but her godmother, above all things, commanded her not to stay past midnight, telling her, at the same time, that if she stayed one moment longer, the coach would be a pumpkin again, her horses mice, her coachman a rat, her footmen lizards, and that her clothes would become just as they were before.

She promised her godmother to leave the ball before midnight; and then drove away, scarcely able to contain herself for joy. The king's son, who was told that a great princess, whom nobody knew, had arrived, ran out to receive her. He gave her his hand as she alighted from the coach, and led her into the hall, among all the company. There was immediately a profound silence. Everyone stopped dancing, and the violins ceased to play, so entranced was everyone with the singular beauties of the unknown newcomer.

Nothing was then heard but a confused noise of, "How beautiful she is! How beautiful she is!"

The king himself, old as he was, could not help watching her, and telling the queen softly that it was a long time since he had seen so beautiful and lovely a creature.

All the ladies were busied in considering her clothes and headdress, hoping to have some made next day after the same pattern, provided they could find such fine materials and as able hands to make them.

The king's son led her to the most honorable seat, and afterwards took her out to dance with him. She danced so very gracefully that they all more and more admired her. A fine meal was served up, but the young prince ate not a morsel, so intently was he busied in gazing on her.

She went and sat down by her sisters, showing them a thousand civilities, giving them part of the oranges and citrons which the prince had presented her with, which very much surprised them, for they did not know her. While Cinderella was thus amusing her sisters, she heard the clock strike eleven and three-quarters, whereupon she immediately made a courtesy to the company and hurried away as fast as she could.

Arriving home, she ran to seek out her godmother, and, after having thanked her, she said she could not but heartily wish she might go to the ball the next day as well, because the king's son had invited her.

As she was eagerly telling her godmother everything that had happened at the ball, her two sisters knocked at the door, which Cinderella ran and opened.

"You stayed such a long time!" she cried, gaping, rubbing her eyes and stretching herself as if she had been sleeping; she had not, however, had any manner of inclination to sleep while they were away from home.

"If you had been at the ball," said one of her sisters, "you would not have been tired with it. The finest princess was there, the most beautiful that mortal eyes have ever seen. She showed us a thousand civilities, and gave us oranges and citrons."

Cinderella seemed very indifferent in the matter. Indeed, she asked them the name of that princess; but they told her they did not know it, and that the king's son was very uneasy on her account and would give all the world to know who she was. At this Cinderella, smiling, replied, "She must, then, be very beautiful indeed; how happy you have been! Could not I see her? Ah, dear Charlotte, do lend me your yellow dress which you wear every day."

"Yes, to be sure!" cried Charlotte; "lend my clothes to such a dirty Cinderwench as you are! I should be such a fool."

Cinderella, indeed, well expected such an answer, and was very glad of the refusal; for she would have been sadly put to it, if her sister had lent her what she asked for jestingly.

The next day the two sisters were at the ball, and so was Cinderella, but dressed even more magnificently than before. The king's son was always by her, and never ceased his compliments and kind speeches to her. All this was so far from being tiresome to her, and, indeed, she quite forgot what her godmother had told her. She thought that it was no later than eleven when she counted the clock striking twelve. She jumped up and fled, as nimble as a deer. The prince followed, but could not overtake her. She left behind one of her glass slippers, which the prince picked up most carefully. She reached home, but quite out of breath, and in her nasty old clothes, having nothing left of all her finery but one of the little slippers, the mate to the one that she had dropped.

The guards at the palace gate were asked if they had not seen a princess go out. They replied that they had seen nobody leave but a young girl, very shabbily dressed, and who had more the air of a poor country wench than a gentlewoman.

When the two sisters returned from the ball Cinderella asked them if they had been well entertained, and if the fine lady had been there.

They told her, yes, but that she hurried away immediately when it struck twelve, and with so much haste that she dropped one of her little glass slippers, the prettiest in the world, which the king's son had picked up; that he had done nothing but look at her all the time at the ball, and that most certainly he was very much in love with the beautiful person who owned the glass slipper.

What they said was very true; for a few days later, the king's son had it proclaimed, by sound of trumpet, that he would marry her whose foot this slipper would just fit. They began to try it on the princesses, then the duchesses and all the court, but in vain; it was brought to the two sisters, who did all they possibly could to force their foot into the slipper, but they did not succeed.

Cinderella, who saw all this, and knew that it was her slipper, said to them, laughing, "Let me see if it will not fit me."

Her sisters burst out laughing, and began to banter with her. The gentleman who was sent to try the slipper looked earnestly at Cinderella, and, finding her very handsome, said that it was only just that she should try as well, and that he had orders to let everyone try.

He had Cinderella sit down, and, putting the slipper to her foot, he found that it went on very easily, fitting her as if it had been made of wax. Her two sisters were greatly astonished, but then even more so, when Cinderella pulled out of her pocket the other slipper, and put it on her other foot. Then in came her godmother and touched her wand to Cinderella's clothes, making them richer and more magnificent than any of those she had worn before.

And now her two sisters found her to be that fine, beautiful lady whom they had seen at the ball. They threw themselves at her feet to beg pardon for all the ill treatment they had made her undergo. Cinderella took them up, and, as she embraced them, said that she forgave them with all her heart, and wanted them always to love her.

She was taken to the young prince, dressed as she was. He thought she was more charming than before, and, a few days after, married her. Cinderella, who was no less good than beautiful, gave her two sisters lodgings in the palace, and that very same day matched them with two great lords of the court.

Le chat botte

Un meunier ne laissa pour tous biens à trois enfants qu'il avait, que son moulin, son âne et son chat. Les partages furent bientôt faits, ni le notaire, ni le procureur n'y furent point appelés. Ils auraient eu bientôt mangé tout le pauvre patrimoine. L'aîné eut le moulin, le second eut l'âne, et le plus jeune n'eut que le chat. Ce dernier ne pouvait se consoler d'avoir un si pauvre lot:

-"Mes frères, disait-il, pourront gagner leur vie honnêtement en se mettant ensemble; quant à moi, lorsque j'aurai mangé mon chat, et que je me serai fait un manchon de sa peau, il faudra que je meure de faim."

Le chat qui entendait ce discours, mais qui n'en fit pas semblant, lui dit d'un air posé et sérieux:

-"Ne vous affligez point, mon maître, vous n'avez qu'à me donner un sac, et me faire faire une paire de bottes pour aller dans les broussailles, et vous verrez que vous n'êtes pas si mal partagé que vous croyez."

Quoique le maître du chat n'y croyait guère, il lui avait vu faire tant de tours de souplesse, pour prendre des rats et des souris, comme quand il se pendait par les pieds, ou qu'il se cachait dans la farine pour faire le mort, qu'il ne désespéra pas d'en être secouru dans sa misère.

Lorsque le chat eut ce qu'il avait demandé, il se botta bravement et, mettant son sac à son cou, il en prit les cordons avec ses deux pattes de devant, et s'en alla dans une garenne où il y avait grand nombre de lapins. Il mit du son et des lasserons dans son sac, et s'étendant comme s'il eût été mort, il attendit que quelque jeune lapin peu instruit encore des ruses de ce monde, vint se fourrer dans son sac pour manger ce qu'il y avait mis. A peine fut-il couché, qu'il eut satisfaction; un jeune étourdi de lapin entra dans son sac, et le maître chat tirant aussitôt les cordons le prit et le tua sans miséricorde.

Tout fier de sa proie, il s'en alla chez le roi et demanda à lui parler. On le fit monter à l'appartement de sa majesté où, étant entré il fit une grande révérence au roi, et lui dit:

-"Voilà, sire, un lapin de garenne que monsieur le Marquis de Carabas (c'était le nom qu'il lui prit en gré de donner à son maître), m'a chargé de vous présenter de sa part.»

-»Dis à ton maître, répondit le roi, que je le remercie, et qu'il me fait plaisir."

Une autre fois, il alla se cacher dans du blé, tenant toujours son sac ouvert; et lorsque deux perdrix y furent entrées, il tira les cordons, et les prit toutes deux. Il alla ensuite les présenter au roi, comme il avait fait avec le lapin de garenne. Le roi reçut encore avec plaisir les deux perdrix, et lui fit donner à boire. Le chat continua ainsi pendant deux ou trois mois à porter de temps en temps au roi du gibier de la chasse de son maître.

Un jour qu'il sut que le roi devait aller à la promenade sur le bord de la rivière avec sa fille, la plus belle princesse du monde, il dit à son maître:

Le chat botte

-"Si vous voulez suivre mon conseil, votre fortune est faite; vous n'avez qu'à vous baigner dans la rivière à l'endroit que je vous montrerai, et ensuite me laisser faire." Le Marquis de Carabas fit ce que son chat lui conseillait, sans savoir à quoi cela serait bon. Pendant qu'il se baignait, le roi vint à passer, et le chat se mit à crier de toute ses forces:

-"Au secours, au secours, voilà Monsieur le Marquis de Carabas qui se noie!"

A ce cri, le roi mit la tête à la portière, et, reconnaissant le chat qui lui avait apporté tant de fois du gibier, il ordonna à ses gardes qu'on allât vite au secours de Monsieur le Marquis de Carabas. Pendant qu'on retirait le pauvre marquis de la rivière, le chat s'approcha du carrosse, et dit au roi que dans le temps que son maître se baignait, il était venu des voleurs qui avaient emporté ses habits, quoiqu'il eût crié au voleur de toute ses forces; le drôle les avait cachés sous une grosse pierre.

Le roi ordonna aussitôt aux officiers de sa garde-robe d'aller chercher un de ses plus beaux habits pour monsieur le Marquis de Carabas. Le roi lui fit mille caresses, et comme les beaux habits qu'on venait de lui donner relevaient sa bonne mine (car il était beau, et bien fait de sa personne), la fille du roi le trouva fort à son gré, et le Marquis de Carabas ne lui eut pas jeté deux ou trois regards fort respectueux, et un peu tendres, qu'elle en devint amoureuse à la folie.

Le roi voulut qu'il montât dans son carrosse, et qu'il fût de la promenade. Le chat ravi de voir que son dessein commençait à réussir, prit les devants, et ayant rencontré des paysans qui fauchaient un pré, il leur dit:

-"Bonnes gens qui fauchez, si vous ne dites au roi que le pré que vous fauchez appartient à Monsieur le Marquis de Carabas, vous serez tous hachés menu comme chair à pâté."

Le roi ne manqua pas à demander aux faucheurs à qui était ce pré qu'ils fauchaient.

-"C'est à Monsieur le Marquis de Carabas", dirent-ils tous ensemble, car la menace du chat leur avait fait peur.

-"Vous avez là un bel héritage, dit le roi au Marquis de Carabas.

-»Vous voyez, sire, répondit le marquis, c'est un pré qui ne manque point de rapporter abondamment toutes les années."

Le maître chat, qui allait toujours devant, rencontra des moissonneurs, et leur dit:

-"Bonnes gens qui moissonnez, si vous ne dites que tous ce blé appartient à Monsieur le Marquis de Carabas, vous serez tous hachés menu comme chair à pâté."

Le roi, qui passa un moment après, voulut savoir à qui appartenaient tout ce blé qu'il voyait.

-"C'est à monsieur le Marquis de Carabas", répondirent les moissonneurs, et le roi s'en réjouit encore avec le marquis.

Le chat, qui allait devant le carrosse, disait toujours la même chose à tous ceux qu'il rencontrait; et le roi était étonné des grands biens de monsieur le Marquis de Carabas. Le maître chat arriva enfin dans un beau château dont le maître était un ogre, le plus riche qu'on ait jamais vu, car toutes les terres par où le roi avait passé étaient sous la dépendance de ce château. Le chat, qui eut soin de s'informer qui était cet ogre, et ce qu'il savait faire, demanda à lui parler, disant qu'il n'avait pas voulu passer si près de son château, sans avoir l'honneur de lui faire la révérence. L'ogre le reçut aussi civilement que le peut un ogre, et le fit reposer.

-"On m'a assuré, dit le chat, que vous aviez le don de vous changer en toute sorte d'animaux, que vous pouviez, par exemple, vous transformer en lion, en éléphant? -»Cela est vrai, répondit l'ogre brusquement, et pour vous le montrer, vous allez me voir devenir lion."

Le chat fut si effrayé de voir un lion devant lui, qu'il gagna aussitôt les gouttières, non sans peine et sans péril, car ses bottes ne valaient rien pour marcher sur les tuiles. Quelques temps après le chat, ayant vu que l'ogre avait quitté sa première forme, descendit, et avoua qu'il avait eu bien peur.

-"On m'a assuré encore, dit le chat, mais je ne saurais le croire, que vous aviez aussi le pouvoir de prendre la forme des plus petits animaux, par exemple, de vous changer en un rat, en une souris; je vous avoue que je tiens cela tout à fait impossible.

-»Impossible? reprit l'ogre, vous allez voir", et aussitôt il se changea en une souris qui se mit à courir sur le plancher. Le chat ne l'eut pas plus tôt aperçue qu'il se jeta dessus et la mangea.

Cependant le roi, qui vit en passant le beau château de l'ogre, voulut y entrer. Le chat, qui entendit le bruit du carrosse qui passait sur le pont-levis, courut au-devant, et dit au roi: "Votre majesté soit la bienvenue dans le château de Monsieur le Marquis de Carabas.

-»Comment Monsieur le Marquis, s'écria le roi, ce château est encore à vous! Il n'y a rien de plus beau que cette cour et que tous ces bâtiments qui l'environnent: voyons-en l'intérieur, s'il vous plaît." Le marquis donna la main à la jeune princesse, et suivant le roi qui montait le premier, ils entrèrent dans une grande salle où ils trouvèrent une magnifique collation que l'ogre avait fait préparer pour ses amis qui devaient venir le voir ce même jour, mais qui n'avaient pas osé entrer, sachant que le roi y était. Le roi, charmé des bonnes qualités de monsieur le Marquis de Carabas, de même que sa fille qui en était folle, et voyant les grands biens qu'il possédait, lui dit, après avoir bu cinq ou six coupes:

-"Il ne tiendra qu'à vous, Monsieur le Marquis, que vous ne soyez mon gendre."

Le marquis, faisant de grandes révérences, accepta l'honneur que lui faisait le roi; et le même jour épousa la princesse. Le chat devint grand seigneur, et ne courut plus après les souris que pour se divertir.

The Master Cat; or, Puss in Boots

*T*here was a miller whose only inheritance to his three sons was his mill, his donkey, and his cat. The division was soon made. They hired neither a clerk nor an attorney, for they would have eaten up all the poor patrimony. The eldest took the mill, the second the donkey, and the youngest nothing but the cat.

The poor young fellow was quite comfortless for having received so little. "My brothers," said he, "may make a handsome living by joining their shares together; but, for my part, after I have eaten up my cat, and made myself a muff from his skin, I must then die of hunger."

The cat, who heard all this, but pretended otherwise, said to him with a grave and serious air, "Do not be so concerned, my good master. If you will but give me a bag, and have a pair of boots made for me, that I may scamper through the dirt and the brambles, then you shall see that you are not so poorly off with me as you imagine."

The cat's master did not build very much upon what he said. However, he had often seen him play a great many cunning tricks to catch rats and mice, such as hanging by his heels, or hiding himself in the meal, and pretending to be dead; so he did take some hope that he might give him some help in his miserable condition.

After receiving what he had asked for, the cat gallantly pulled on the boots and slung the bag about his neck. Holding its drawstrings in his forepaws, he went to a place where there was a great abundance of rabbits. He put some bran and greens into his bag, then stretched himself out as if he were dead. He thus waited for some young rabbits, not yet acquainted with the deceits of the world, to come and look into his bag.

He had scarcely lain down before he had what he wanted. A rash and foolish young rabbit jumped into his bag, and the master cat, immediately closed the strings, then took and killed him without pity.

Proud of his prey, he went with it to the palace, and asked to speak with his majesty. He was shown upstairs into the king's apartment, and, making a low bow, said to him, "Sir, I have brought you a rabbit from my noble lord, the Master of Carabas" (for that was the title which the cat was pleased to give his master).

"Tell your master," said the king, "that I thank him, and that I am very pleased with his gift."

Another time he went and hid himself in a grain field. He again held his bag open, and when a brace of partridges ran into it, he drew the strings, and caught them both. He presented these to the king, as he had done before with the rabbit. The king, in like manner, received the partridges with great pleasure, and gave him a tip. The cat continued, from time to time for two or three months, to take game to his majesty from his master.

The Master Cat; or, Puss in Boots

One day, when he knew for certain that the king would be taking a drive along the riverside with his daughter, the most beautiful princess in the world, he said to his master, "If you will follow my advice your fortune is made. All you must do is to go and bathe yourself in the river at the place I show you, then leave the rest to me."

The Marquis of Carabas did what the cat advised him to, without knowing why. While he was bathing the king passed by, and the cat began to cry out, "Help! Help! My Lord Marquis of Carabas is going to be drowned."

At this noise the king put his head out of the coach window, and, finding it was the cat who had so often brought him such good game, he commanded his guards to run immediately to the assistance of his lordship the Marquis of Carabas. While they were drawing the poor Marquis out of the river, the cat came up to the coach and told the king that, while his master was bathing, some rogues had come by and stolen his clothes, even though he had cried out, "Thieves! Thieves!" several times, as loud as he could. In truth, the cunning cat had hidden the clothes under a large stone.

The king immediately commanded the officers of his wardrobe to run and fetch one of his best suits for the Lord Marquis of Carabas.

The king received him very courteously. And, because the king's fine clothes gave him a striking appearance (for he was very handsome and well proportioned), the king's daughter took a secret inclination to him. The Marquis of Carabas had only to cast two or three respectful and somewhat tender glances at her but she fell head over heels in love with him. The king asked him to enter the coach and join them on their drive.

The cat, quite overjoyed to see how his project was succeeding, ran on ahead. Meeting some countrymen who were mowing a meadow, he said to them, "My good fellows, if you do not tell the king that the meadow you are mowing belongs to my Lord Marquis of Carabas, you shall be chopped up like mincemeat."

The king did not fail to ask the mowers whose meadow it was that they were mowing.

"It belongs to my Lord Marquis of Carabas," they answered altogether, for the cat's threats had frightened them.

"You see, sir," said the Marquis, "this is a meadow which never fails to yield a plentiful harvest every year."

The master cat, still running on ahead, met with some reapers, and said to them, "My good fellows, if you do not tell the king that all this grain belongs to the Marquis of Carabas, you shall be chopped up like mincemeat."

The king, who passed by a moment later, asked them whose grain it was that they were reaping.

"It belongs to my Lord Marquis of Carabas," replied the reapers, which pleased both the king and the marquis. The king congratulated him for his fine harvest. The master cat continued to run ahead and said the same words to all he met. The king was astonished at the vast estates of the Lord Marquis of Carabas.

The master cat came at last to a stately castle, the lord of which was an ogre, the richest that had ever been known. All the lands which the king had just passed by belonged to this castle. The cat, who had taken care to inform himself who this ogre was and what he could do, asked to speak with him, saying he could not pass so near his castle without having the honor of paying his respects to him.

The ogre received him as civilly as an ogre could do, and invited him to sit down. "I have heard," said the cat, "that you are able to change yourself into any kind of creature that you have a mind to. You can, for example, transform yourself into a lion, an elephant, or the like."

"That is true," answered the ogre very briskly; "and to convince you, I shall now become a lion."

The cat was so terrified at the sight of a lion so near him that he leaped onto the roof, which caused him even more difficulty, because his boots were of no use at all to him in walking on the tiles. However, the ogre resumed his natural form, and the cat came down, saying that he had been very frightened indeed.

"I have further been told," said the cat, "that you can also transform yourself into the smallest of animals, for example, a rat or a mouse. But I can scarcely believe that. I must admit to you that I think that that would be quite impossible."

"Impossible!" cried the ogre. "You shall see!"

He immediately changed himself into a mouse and began to run about the floor. As soon as the cat saw this, he fell upon him and ate him up.

Meanwhile the king, who saw this fine castle of the ogre's as he passed, decided to go inside. The cat, who heard the noise of his majesty's coach running over the drawbridge, ran out and said to the king, "Your majesty is welcome to this castle of my Lord Marquis of Carabas."

"What! my Lord Marquis," cried the king, "and does this castle also belong to you? There can be nothing finer than this court and all the stately buildings which surround it. Let us go inside, if you don't mind."

The marquis gave his hand to the princess, and followed the king, who went first. They passed into a spacious hall, where they found a magnificent feast, which the ogre had prepared for his friends, who were coming to visit him that very day, but dared not to enter, knowing the king was there.

His majesty was perfectly charmed with the good qualities of my Lord Marquis of Carabas, as was his daughter, who had fallen violently in love with him, and, seeing the vast estate he possessed, said to him, after having drunk five or six glasses, "It will be your own fault, my Lord Marquis, if you do not become my son-in-law."

The marquis, making several low bows, accepted the honor which his majesty conferred upon him, and forthwith, that very same day, married the princess.

The cat became a great lord, and never again ran after mice, except for entertainment.

LES FEES

*I*l était une fois une veuve qui avait deux filles : l'aînée lui ressemblait si fort d'humeur et de visage, que, qui la voyait, voyait la mère. Elles étaient toutes deux si désagréables et si orgueilleuses, qu'on ne pouvait vivre avec elles. La cadette, qui était le vrai portrait de son père pour la douceur et l'honnêteté, était avec cela une des plus belles filles qu'on eût su voir. Comme on aime naturellement son semblable, cette mère était folle de sa fille aînée, et, en même temps avait une aversion effroyable pour la cadette. Elle la faisait manger à la cuisine et travailler sans cesse.

Il fallait, entre autres choses, que cette pauvre enfant allât, deux fois le jour, puiser de l'eau à une grande demi-lieue du logis, et qu'elle rapportât plein une grande cruche. Un jour qu'elle était à cette fontaine, il vint à elle une pauvre femme qui lui pria de lui donner à boire.

-» Oui-dà, ma bonne mère, « dit cette belle fille ; et, rinçant aussitôt sa cruche, elle puisa de l'eau au plus bel endroit de la fontaine et la lui présenta, soutenant toujours la cruche, afin qu'elle bût plus aisément. La bonne femme, ayant bu, lui dit : « Vous êtes si belle, si bonne et si honnête, que je ne puis m'empêcher de vous faire un don ; car c'était une fée qui avait pris le forme d'une pauvre femme de village, pour voir jusqu'où irait l'honnêteté de cette jeune fille. Je vous donne pour don, poursuivit la fée, qu'à chaque parole que vous direz, il vous sortira de la bouche ou une fleur, ou une pierre précieuse. «

Lorsque cette belle fille arriva au logis, sa mère la gronda de revenir si tard de la fontaine. « Je vous demande pardon, ma mère, dit cette pauvre fille, d'avoir tardé si longtemps « ; et, en disant ces mots, il lui sortit de la bouche deux roses, deux perles et deux gros diamants. « Que vois-je là ! dit sa mère toute étonnée ; je crois qu'il lui sort de la bouche des perles et des diamants. D'où vient cela, ma fille ? (Ce fut là la première fois qu'elle l'appela sa fille.) La pauvre enfant lui raconta naïvement tout ce qui lui était arrivé, non sans jeter une infinité de diamants. « Vraiment, dit la mère, il faut que j'y envoie ma fille. Tenez, Fanchon, voyez ce qui sort de la bouche de votre sœur quand elle parle ; ne seriez-vous pas bien aise d'avoir le même don ? Vous n'avez qu'à aller puiser de l'eau à la fontaine, et, quand une pauvre femme vous demandera à boire, lui en donner bien honnêtement. - Il me ferait beau voir, répondit la brutale, aller à la fontaine ! - Je veux que vous y alliez, reprit la mère, et tout à l'heure. «

Elle y alla, mais toujours en grondant. Elle prit le plus beau flacon d'argent qui fut au logis. Elle ne fut pas plus tôt arrivée à la fontaine, qu'elle vit sortir du bois une dame magnifiquement vêtue, qui vint lui demander à boire. C'était la même fée qui avait apparu à sa sœur, mais qui avait pris l'air et les habits d'une princesse, pour voir jusqu'où irait la malhonnêteté de cette fille. « Est-ce que je suis ici venue, lui dit cette brutale orgueilleuse, pour vous donner à boire ? Justement j'ai apporté un flacon d'argent tout exprès pour donner à boire à Madame ! J'en suis d'avis : buvez à même si vous voulez. - Vous n'êtes guère honnête, reprit la fée, sans se mettre en colère. Eh bien ! puisque vous êtes si peu obligeante, je vous donne pour don qu'à chaque parole que vous direz, il vous sortira de la bouche ou un serpent, ou un crapaud. «

D'abord que sa mère l'aperçut, elle lui cria : « Eh bien ! ma fille ! - Eh bien ! ma mère ! lui répondit la brutale, en jetant deux vipères et deux crapauds. - O ciel, s'écria la mère, que vois-je là ? C'est sa sœur qui est en cause : elle me le paiera « ; et aussitôt elle courut pour la battre. La pauvre enfant s'enfuit et alla se sauver dans la forêt prochaine. Le fils du roi, qui revenait de la chasse, al rencontra et, la voyant si belle, lui demanda ce qu'elle faisait là toute seule et ce qu'elle avait à pleurer ! « Hélas, Monsieur, c'est ma mère qui m'a chassée du logis. « Le fils du roi, qui vit sortir de sa bouche cinq ou six perles et autant de diamants, lui pria de lui dire d'où cela lui venait. Elle lui conta toute son aventure. Le fils du roi en devint amoureux ; et, considérant qu'un tel don valait mieux que tout ce qu'on pouvait donner en mariage à une autre, l'emmena au palais du roi son père, où il l'épousa.

Pour sa sœur, elle se fit tant haïr, que sa propre mère la chassa de chez elle ; et la malheureuse, après avoir bien couru sans trouver personne qui voulut la recevoir, alla mourir au coin d'un bois.

The Fairies

Once upon a time there was a widow who had two daughters. The elder was often mistaken for her mother, so like her was she both in nature and in looks. Both of them were so disagreeable and arrogant that no one could live with them.

The younger girl, who was a true likeness of her father in the gentleness and sweetness of her disposition, was also one of the most beautiful girls imaginable. The mother doted on the elder daughter naturally enough, since she resembled her so closely; and she disliked the younger one just as intensely. She made her eat all her meals in the kitchen and work from morning till night.

One of the poor child's many duties was to go twice a day and draw water from a spring a good half mile away, bringing it back in a large pitcher. One day when she was at the spring an old woman came up and begged for a drink.

"Why, certainly, good mother," said the beautiful girl. Rinsing the pitcher, she drew some water from the cleanest part of the spring and handed it to her, lifting up the pitcher so that she might drink more easily.

Now this old woman was a fairy, who had taken the form of a poor peasant woman to see just how far the girl's good nature would go. "You are so beautiful," she said, when she had finished drinking, "and so polite, that I am determined to bestow a gift upon you. I grant you," the fairy continued, "that with every word you speak, a flower or a precious stone shall fall from your mouth."

When the beautiful girl arrived at home, her mother scolded her for staying so long at the spring.

"I beg your pardon, mother," said the poor child, "for having taken so long," and as she spoke these words, two roses, two pearls, and two large diamonds fell from her mouth.

"What am I seeing?" cried her mother. "I do believe that I saw pearls and diamonds dropping out of your mouth? What have you been doing, my daughter?" (This was the first time she had ever called her her daughter.)

The poor child related what had happened, scattering countless diamonds as she spoke.

"Indeed!" cried her mother. "I must send my own daughter there. Come here, Fanchon. Look what comes out of your sister's mouth whenever she speaks! Wouldn't you like to be able to do the same thing? All you have to do is to go and draw some water at the spring, and when a poor woman asks you for a drink, give it to her very nicely."

"You want to see me going to the spring?" replied the ill-mannered girl.

"I am telling you that you are to go," replied the mother, "and this very instant!"

The Fairies

Very sulkily the girl went out taking with her the best silver flask in the house. No sooner had she reached the spring than she saw a magnificently dressed lady, who came out of the woods towards her and asked for a drink. This was the same fairy who had appeared to her sister, but she was now disguised as a princess in order to see how far this girl's bad manners would go.

"Do you think I have come here just to get you a drink?" she said the rude girl arrogantly. "Do you think I brought a silver flask here just to give madam a drink? Yes, that's just what I think! Have a drink, if you must!"

"You are not very polite," replied the fairy, showing no anger. "Very well! In return for your lack of courtesy I grant that for every word you speak a snake or a toad shall drop out of your mouth."

As soon as her mother saw her returning she cried out, "Well, daughter!"

"Well, mother?" replied the rude girl. As she spoke two vipers and two toads fell from her mouth.

"Heavens!" cried the mother. "What do I see? Her sister is the cause of this. She will pay for it!"

Off she ran to beat her, but the poor child ran off and escaped into the woods nearby. The king's son met her on his way home from hunting, and noticing how beautiful she was, he asked her what she was doing there all alone, and why she was crying.

"Alas, sir, my mother has driven me from home."

As she spoke the king's son saw five or six pearls and as many diamonds fall from her mouth. He begged her to tell him how this came about, and she told him the whole story.

The king's son fell in love with her, and considering that such a gift as had been bestowed upon her was worth more than any dowry that he might receive from someone else, he took her to his father's royal palace, where he married her.

As for her sister, she made herself so hateful that her own mother drove her out of the house. No one would take in the miserable girl, so at last she went into a corner of the woods and died.

Peau d'Ane

Il est des gens de qui l'esprit guindé,
Sous un front jamais déridé,
Ne souffre, n'approuve et n'estime
Que le pompeux et le sublime.
Pour moi, j'ose poser en fait
Qu'en de certains moments l'esprit le plus parfait
Peut aimer sans rougir jusqu'aux marionnettes;
Et qu'il est des temps et des lieux
Où le grave et le sérieux
Ne valent pas d'agréables sornettes.
Pourquoi faut-il s'émerveiller
Que la raison la mieux sensée,
Lasse souvent de trop veiller,
Par des contes d'ogre et de fée
Ingénieusement bercée,
Prenne plaisir à sommeiller?

Sans craindre donc qu'on me condamne
De mal employer mon loisir,
Je vais, pour contenter votre juste désir,
Vous conter tout au long l'histoire de Peau d'Ane.

Il était une fois un roi,
Le plus grand qui fût sur la terre,
Aimable en paix, terrible en guerre,
Seul enfin comparable à soi.
Ses voisins le craignaient, ses Etats étaient calmes,
Et l'on voyait de toutes parts
Fleurir, à l'ombre de ses palmes,
Et les vertus et les beaux arts.
Son aimable moitié, sa compagne fidèle,
Etait si charmante et si belle,
Avait l'esprit si commode et si doux,
Qu'il était encore avec elle
Moins heureux roi qu'heureux époux.
De leur tendre et chaste hyménée
Plein de douceur et d'agrément,
Avec tant de vertus une fille était née
Qu'ils se consolaient aisément
De n'avoir pas de plus ample lignée.

Dans son vaste et riche palais
Ce n'était que magnificence;
Partout y fourmillait une vive abondance
De courtisans et de valets;

Peau d'Ane

Il avait dans son écurie
Grands et petits chevaux de toutes les façons,
Couverts de beaux caparaçons,
Roides d'or et de broderie;
Mais ce qui surprenait tout le monde en entrant,
C'est qu'au lieu le plus apparent,
Un maître âne étalait ses deux grandes oreilles.
Cette injustice vous surprend,
Mais lorsque vous saurez ses vertus nonpareilles,
Vous ne trouverez pas que l'honneur fût trop grand.

Tel et si net le forma la nature
Qu'il ne faisait jamais d'ordure,
Mais bien beaux écus au soleil
Et Louis de toute manière,
Qu'on allait recueillir sur la blonde litière
Tous les matins à son réveil.

Or le Ciel qui parfois se lasse
De rendre les hommes contents,
Qui toujours à ses biens mêle quelque disgrâce,
Ainsi que la pluie au beau temps,
Permit qu'une âpre maladie
Tout à coup de la reine attaquât les beaux jours.
Partout on cherche du secours,
Mais ni la faculté qui le grec étudie,
Ni les charlatans ayant cours,
Ne purent tous ensemble arrêter l'incendie
Que la fièvre allumait en s'augmentant toujours.
Arrivée à sa dernière heure,
Elle dit au roi son époux:
"Trouvez bon qu'avant que je meure
J'exige une chose de vous:
C'est que s'il vous prenait envie
De vous remarier quand je n'y serai plus...
-- Ha! dit le roi. Ces soins sont superflus,
Je n'y songerai de ma vie,
Soyez en repos là-dessus.
-- Je le crois bien. Reprit la reine,
Si j'en prends à témoin votre amour véhément;
Mais pour m'en rendre plus certaine,
Je veux avoir votre serment,
Adouci toutefois par ce tempérament
Que si vous rencontrez une femme plus belle.
Mieux faite et plus sage que moi,
Vous pourrez franchement lui donner votre foi
Et vous marier avec elle."
Sa confiance en ses attraits
Lui faisait regarder une telle promesse

Comme un serment, surpris avec adresse,
De ne se marier jamais.
Le prince jura donc, les yeux baignés de larmes,
Tout ce que la reine voulut;
La reine entre ses bras mourut,
Et jamais un mari ne fit tant de vacarmes.
A l'ouïr sangloter et les nuits et les jours,
On jugea que son deuil ne lui durerait guère,
Et qu'il pleurait ses défuntes amours
Comme un homme pressé qui veut sortir d'affaire.

On ne se trompa point. Au bout de quelques mois
Il voulut procéder à faire un nouveau choix.
Mais ce n'était pas chose aisée,
Il fallait garder son serment,
Et que la nouvelle épousée
Eût plus d'attraits et d'agrément
Que celle qu'on venait de mettre au monument.

Ni la cour en beautés fertile,
Ni la campagne, ni la ville,
Ni les royaumes d'alentour
Dont on alla faire le tour,
N'en purent fournir une telle;
L'infante seule était plus belle
Et possédait certains tendres appâts
Que la défunte n'avait pas.
Le roi le remarqua lui-même
Et, brûlant d'un amour extrême,
Alla follement s'aviser
Que par cette raison il devait l'épouser.
Il trouva même un casuiste
Qui jugea que le cas se pouvait proposer.
Mais la jeune princesse triste
D'ouïr parler d'un tel amour,
Se lamentait et pleurait nuit et jour.
De mille chagrins l'âme pleine,
Elle alla trouver sa marraine,
Loin, dans une grotte à l'écart
De nacre et de corail richement étoffée.
C'était une admirable fée
Qui n'eut jamais de pareille en son art.
Il n'est pas besoin qu'on vous dise
Ce qu'était une fée en ces bienheureux temps:
Car je suis sûr que votre mie
Vous l'aura dit dès vos plus jeunes ans.

''Je sais, dit-elle, en voyant la princesse,
Ce qui vous fait venir ici,

Peau d'Ane

Je sais de votre coeur la profonde tristesse;
Mais avec moi n'ayez plus de souci:
Il n'est rien qui vous puisse nuire
Pourvu qu'à mes conseils vous vous laissiez conduire.
Votre père, il est vrai, voudrait vous épouser;
Ecouter sa folle demande
Serait une faute bien grande,
Mais sans le contredire on le peut refuser.

Dites-lui qu'il faut qu'il vous donne
Pour rendre vos désirs contents,
Avant qu'à son amour votre coeur s'abandonne,
Une robe qui soit de la couleur du temps.
Malgré tout son pouvoir et toute sa richesse,
Quoique le Ciel en tout favorise ses voeux,
Il ne pourra jamais accomplir sa promesse.''

Aussitôt la jeune princesse
L'alla dire en tremblant à son père amoureux
Qui, dans le moment, fit entendre
Aux tailleurs les plus importants
Que s'ils ne lui faisaient, sans trop le faire attendre,
Une robe qui fût de la couleur du temps,
Ils pouvaient s'assurer qu'il les ferait tous pendre.

Le second jour ne luisait pas encore
Qu'on apporta la robe désirée;
Le plus beau bleu de l'Empyrée
N'est pas, lorsqu'il est ceint de gros nuages d'or.
D'une couleur plus azurée.
De joie et de douleur l'infante pénétrée
Ne sait que dire, ni comment
Se dérober à son engagement.
''Princesse, demandez-en une,
Lui dit sa marraine tout bas,
Qui, plus brillante et moins commune,
Soit de la couleur de la lune.
Il ne vous la donnera pas.''
A peine la princesse en eut fait la demande,
Que le roi dit à son brodeur:
''Que l'astre de la nuit n'ait pas plus de splendeur,
Et que dans quatre jours sans faute on me la rende.''

Le riche habillement fut fait au jour marqué,
Tel que le roi s'en était expliqué.
Dans les cieux où la nuit a déployé ses voiles,
La lune est moins pompeuse en sa robe d'argent,
Lors même qu'au milieu de son cours diligent
Sa plus vive clarté fait pâlir les étoiles.

La princesse, admirant ce merveilleux habit,
Etait à consentir presque délibérée;
Mais, par sa marraine inspirée,
Au prince amoureux elle dit:
"Je ne saurais être contente
Que je n'aie une robe encore plus brillante
Et de la couleur du soleil."
Le prince qui l'aimaît d'un amour sans pareil,
Fit venir aussitôt un riche lapidaire,
Et lui commanda de la faire
D'un superbe tissu d'or et de diamants,
Disant que s'il manquait à le bien satisfaire,
Il le ferait mourir au milieu des tourments.

Le prince fut exempt de s'en donner la peine,
Car l'ouvrier industrieux,
Avant la fin de la semaine,
Fit apporter l'ouvrage précieux,
Si beau, si vif, si radieux,
Que le blond amant de Clymène,
Lorsque sur la voûte des cieux
Dans son char d'or il se promène,
D'un plus brillant éclat n'éblouit pas les yeux.

L'infante que ces dons achèvent de confondre,
A son père, à son roi ne sait plus que répondre.
Sa marraine aussitôt la prenant par la main:
"Il ne faut pas, lui dit-elle à l'oreille,
Demeurer en si beau chemin.
Est-ce une si grande merveille
Que tous ces dons que vous en recevez,
Tant qu'il aura l'âne que vous savez,
Qui d'écus d'or sans cesse emplit sa bourse?
Demandez-lui la peau de ce rare animal.
Comme il est toute sa ressource,
Vous ne l'obtiendrez pas, ou je raisonne mal."

Cette fée était bien savante,
Et cependant elle ignorait encore
Que l'amour violent pourvu qu'on le contente,
Compte pour rien l'argent et l'or;
La peau fut galamment aussitôt accordée
Que l'infante l'eut demandée.

Cette peau quand on l'apporta
Terriblement l'épouvanta
Et la fit de son sort amèrement se plaindre.
Sa marraine survint et lui représenta
Que quand on fait le bien on ne doit jamais craindre;

Peau d'Ane

Qu'il faut laisser penser au roi
Qu'elle est tout à fait disposée
A subir avec lui la conjugale loi,
Mais qu'au même moment, seule et bien déguisée,
Il faut qu'elle s'en aille en quelque Etat lointain
Pour éviter un mal si proche et si certain.

"Voici, poursuivit-elle, une grande cassette
Où nous mettrons tous vos habits,
Votre miroir, votre toilette,
Vos diamants et vos rubis.
Je vous donne encore ma baguette;
En la tenant en votre main,
La cassette suivra votre même chemin,
Toujours sous la terre cachée;
Et lorsque vous voudrez l'ouvrir,
A peine mon bâton la terre aura touchée,
Qu'aussitôt à vos yeux elle viendra s'offrir.

Pour vous rendre méconnaissable,
La dépouille de l'âne est un masque admirable.
Cachez-vous bien dans cette peau,
On ne croira jamais, tant elle est effroyable,
Qu'elle renferme rien de beau.

La princesse ainsi travestie
De chez la sage fée à peine fut sortie,
Pendant la fraîcheur du matin,
Que le prince qui pour la fête
De son heureux hymen s'apprête,
Apprend tout effrayé son funeste destin.
Il n'est point de maison, de chemin, d'avenue
Qu'on ne parcoure promptement;
Mais on s'agite vainement,
On ne peut deviner ce qu'elle est devenue.

Partout se répandit un triste et noir chagrin;
Plus de noces, plus de festin,
Plus de tarte, plus de dragées;
Les dames de la cour, toutes découragées,
N'en dînèrent point la plupart;
Mais du curé sur tout la tristesse fut grande,
Car il en déjeuna fort tard,
Et qui pis est n'eut point d'offrande.

L'infante cependant poursuivait son chemin,
Le visage couvert d'une vilaine crasse;
A tous passants elle tendait la main,
Et tâchait pour servir de trouver une place;

Mais les moins délicats et les plus malheureux
La voyant si maussade et si pleine d'ordure,
Ne voulaient écouter ni retirer chez eux
Une si sale créature.
Elle alla donc bien loin, bien loin, encore plus loin.
Enfin elle arriva dans une métairie
Où la fermière avait besoin
D'une souillon, dont l'industrie
Allât jusqu'à savoir bien laver des torchons
Et nettoyer l'auge aux cochons.

On la mit dans un coin au fond de la cuisine
Où les valets, insolente vermine,
Ne faisaient que la tirailler,
La contredire et la railler;
Ils ne savaient quelle pièce lui faire,
La harcelant à tout propos;
Elle était la butte ordinaire
De tous leurs quolibets et de tous leurs bons mots.

Elle avait le dimanche un peu plus de repos
Car, ayant du matin fait sa petite affaire,
Elle entrait dans sa chambre et tenant son huis clos,
Elle se décrassait, puis ouvrait sa cassette,
Mettait proprement sa toilette,
Rangeait dessus ses petits pots.
Devant son grand miroir, contente et satisfaite,
De la lune tantôt la robe elle mettait,
Tantôt celle où le feu du soleil éclatait,
Tantôt la belle robe bleue
Que tout l'azur des cieux ne saurait égaler,
Avec ce chagrin seul que leur traînante queue
Sur le plancher trop court ne pouvait s'étaler.
Elle aimait à se voir jeune, vermeille et blanche
Et plus brave cent fois que nulle autre n'était;
Ce doux plaisir la sustentait
Et la menait jusqu'à l'autre dimanche.

J'oubliais de dire en passant
Qu'en cette grande métairie
D'un roi magnifique et puissant
Se faisait la ménagerie,
Que là, poules de barbarie,
Râles, pintades, cormorans,
Oisons musqués, canes petières
Et mille autres oiseaux de bizarres manières,
Entre eux presque tous différents,
Remplissaient à l'envie dix cours toutes entières.

Peau d'Ane

Le fils du roi dans ce charmant séjour
Venait souvent au retour de la chasse
Se reposer, boire à la glace
Avec les seigneurs de sa cour.
Tel ne fut point le beau céphale:
Son air était royal, sa mine martiale
Propre à faire trembler les plus fiers bataillons.
Peau d'Ane de fort loin le vit avec tendresse,
Et reconnut par cette hardiesse
Que sous sa crasse et ses haillons
Elle gardait encore le coeur d'une princesse.
''Qu'il a l'air grand, quoiqu'il l'ait négligé,
Qu'il est aimable, disait-elle,
Et que bienheureuse est la belle
A qui son coeur est engagé!
D'une robe de rien s'il m'avait honorée,
Je m'en trouverais plus parée
Que de toutes celles que j'ai.''

Un jour le jeune prince errant à l'aventure
De basse-cour en basse-cour,
Passa dans une allée obscure
Où de Peau d'Ane était l'humble séjour.
Par hasard il mit l'oeil au trou de la serrure:
Comme il était fête ce jour,
Elle avait pris une riche parure
Et ses superbes vêtements
Qui, tissus de fin or et de gros diamants,
Egalaient du soleil la clarté la plus pure.
Le prince au gré de son désir
La contemple et ne peut qu'à peine,
En la voyant, reprendre haleine,
Tant il est comblé de plaisir.
Quels que soient les habits, la beauté du visage,
Son beau tour, sa vive blancheur,
Ses traits fins, sa jeune fraîcheur
Le touchent cent fois davantage;
Mais un certain air de grandeur,
Plus encore une sage et modeste pudeur,
Des beautés de son âme assuré témoignage,
S'emparèrent de tout son coeur.

Trois fois, dans la chaleur du feu qui le transporte,
Il voulut enfoncer la porte;
Mais croyant voir une divinité,
Trois fois par le respect son bras fut arrêté.

Dans le palais, pensif il se retire,
Et la nuit et le jour il soupire;

Il ne veut plus aller au bal
Quoiqu'on soit dans le carnaval.
Il hait la chasse, il hait la comédie,
Il n'a plus d'appétit, tout lui fait mal au coeur;
Et le fond de sa maladie
Est une triste et mortelle langueur.

Il s'enquit quelle était cette nymphe admirable
Qui demeurait dans une basse-cour
Au fond d'une allée effroyable,
Où l'on ne voit goutte en plein jour.
''C'est, lui dit-on, Peau d'Ane, en rien nymphe ni belle
Et que Peau d'Ane l'on appelle,
A cause de la peau qu'elle met sur son cou;
De l'amour c'est le vrai remède,
La bête en un mot la plus laide,
Qu'on puisse voir après le loup.''
On a beau dire, il ne saurait le croire;
Les traits que l'amour a tracés,
Toujours présents à sa mémoire,
N'en seront jamais effacés.

Cependant la reine sa mère,
Qui n'a que lui d'enfant, pleure et se désespère;
De déclarer son mal elle le presse en vain,
Il gémit, il pleure, il soupire,
Il ne dit rien, si ce n'est qu'il désire
Que Peau d'Ane lui fasse un gâteau de sa main;
Et la mère ne sait ce que son fils veut dire.
''O ciel! Madame, lui dit-on,
Cette Peau d'Ane est une noire taupe
Plus vilaine encore et plus gaupe
Que le plus sale marmiton.
-- N'importe, dit la reine, il faut le satisfaire,
Et c'est à cela seul que nous devons songer.''
Il aurait eu de l'or, tant l'aimait cette mère,
S'il en avait voulu manger.

Peau d'Ane donc prend sa farine
Qu'elle avait fait bluter exprès
Pour rendre sa pâte plus fine,
Son sel, son beurre et ses oeufs frais;
Et pour bien faire sa galette,
S'enferme seule en sa chambrette.
D'abord elle se décrassa
Les mains, les bras et le visage,
Et prit un corps d'argent que vite elle laça
Pour dignement faire l'ouvrage
Qu'aussitôt elle commença.

Peau d'Ane

On dit qu'en travaillant un peu trop à la hâte,
De son doigt par hasard il tomba dans la pâte
Un de ses anneaux de grand prix;
Mais ceux qu'on tient savoir le fin de cette histoire
Assurent que par elle exprès il y fut mis;
Et pour moi franchement, je l'oserais bien croire,
Fort sûr que, quand le prince à sa porte aborda
Et par le trou la regarda,
Elle s'en était aperçue.
Sur ce point la femme est si drue,
Et son oeil va si promptement,
Qu'on ne peut la voir un moment
Qu'elle ne sache qu'on l'a vue.
Je suis bien sûr encore, et j'en ferais serment,
Qu'elle ne douta point que de son jeune amant
La bague ne fût bien reçue.

On ne pétrit jamais un si friand morceau,
Et le prince trouva la galette si bonne
Qu'il ne s'en fallut rien que d'une faim gloutonne
Il n'avalât aussi l'anneau.
Quand il en vit l'émeraude admirable,
Et du jonc d'or le cercle étroit
Qui marquait la forme du doigt,
Son coeur en fut touché d'une joie incroyable;
Sous son chevet il le mit à l'instant,
Et son mal toujours augmentant,
Les médecins sages d'expérience,
En le voyant maigrir de jour en jour,
Jugèrent tous, par leur grande science,
Qu'il était malade d'amour.

Comme l'hymen, quelque mal qu'on ne dise,
Est un remède exquis pour cette maladie,
On conclut à le marier;
Il s'en fit quelque temps prier,
Puis dit: "Je le veux bien, pourvu que l'on me donne
En mariage la personne
Pour qui cet anneau sera bon."
A cette bizarre demande,
De la reine et du roi la surprise fut grande;
Mais il était si mal qu'on n'osa dire non.

Voilà donc qu'on se met en quête
De celle que l'anneau, sans nul égard du sang,
Doit placer dans un si haut rang;
Il n'en est point qui ne s'apprête
A venir présenter son doigt,
Ni qui veuille céder son droit.

Le bruit ayant couru que pour prétendre au prince,
Il faut avoir le doigt bien mince,
Tout charlatan, pour être bienvenu,
Dit qu'il a le secret de le rendre menu.
L'une, en suivant son bizarre caprice,
Comme une rave le ratisse;
L'autre en coupe un petit morceau;
Une autre en le pressant croit qu'elle le rapetisse;
Et l'autre, avec de certaine eau,
Pour le rendre moins gros en fait tomber la peau;
Il n'est enfin point de manoeuvre
Qu'une dame ne mette en oeuvre,
Pour faire que son doigt cadre bien à l'anneau.

L'essai fut commencé par les jeunes princesses,
Les marquises et les duchesses;
Mais leurs doigts, quoique délicats,
Etaient trop gros et n'entraient pas.
Les comtesses, et les baronnes,
Et toutes les nobles personnes,
Comme elles tour à tour présentèrent leur main
Et la présentèrent en vain.

Ensuite vinrent les grisettes,
Dont les jolis et menus doigts,
Car il en est de très bien faites,
Semblèrent à l'anneau s'ajuster quelquefois.
Mais la bague, toujours trop petite ou trop ronde,
D'un dédain presque égal rebutait tout le monde.

Il fallut en venir enfin
Aux servantes, aux cuisinières,
Aux tortillons, aux dindonnières,
En un mot à tout le fretin,
Dont les rouges et noires pattes,
Non moins que les mains délicates,
Espéraient un heureux destin.
Il s'y présenta mainte fille
Dont le doigt, gros et ramassé,
Dans la bague du prince eût aussi peu passé
Qu'un câble au travers d'une aiguille.

On crut enfin que c'était fait,
Car il ne restait en effet
Que la pauvre Peau d'Ane au fond de la cuisine.
Mais comment croire, disait-on,
Qu'à régner le Ciel la destine?
Le prince dit: "Et pourquoi non?
Qu'on la fasse venir." Chacun se prit à rire,

Criant tout haut: "Que veut-on dire.
De faire entrer ici cette sale guenon?"
Mais lorsqu'elle tira de dessous sa peau noire
Une petite main qui semblait de l'ivoire
Qu'un peu de pourpre a coloré,
Et que de la bague fatale,
D'une justesse sans égale.
Son petit doigt fut entouré,
La cour fut dans une surprise
Qui ne peut pas être comprise.

On la menait au roi dans ce transport subit;
Mais elle demanda qu'avant que de paraître
Devant son seigneur et son maître,
On lui donnât le temps de prendre un autre habit.
De cet habit, pour la vérité dire,
De tous côtés on s'apprêtait à rire;
Mais lorsqu'elle arriva dans les appartements,
Et qu'elle eut traversé les salles
Avec ses pompeux vêtements
Dont les riches beautés n'eurent jamais d'égales;
Que ses aimables cheveux blonds
Mêlés de diamants, dont la vive lumière
En faisait autant de rayons,
Que ses yeux bleus, grands, doux et longs,
Qui pleins d'une majesté fière
Ne regardent jamais sans plaire et sans blesser,
Et que sa taille enfin si menue et si fine
Qu'avecque ses deux mains on eût pu l'embrasser,
Montrèrent leurs appâts et leur grâce divine:
Des dames de la cour, et de leurs ornements
Tombèrent tous les doux agréments.

Dans la joie et le bruit de toute l'assemblée,
Le bon roi ne se sentait pas
De voir sa bru posséder tant d'appâts;
La reine en était affolée,
Et le prince son cher amant,
De cent plaisirs l'âme comblée,
Succombait sous le poids de son ravissement.

Pour l'hymen aussitôt chacun prit ses mesures.
Le monarque en pria tous les rois d'alentour,
Qui, tous brillants de diverses parures,
Quittèrent leurs Etats pour être à ce grand jour.
On en vit arriver des climats de l'aurore,

Montés sur de grands éléphants;
Il en vint du rivage more,
Qui, plus noirs et plus laids encore,
Faisaient peur aux petits enfants;
Enfin de tous les coins du monde,
Il en débarque et la cour en abonde.

Mais nul prince, nul potentat,
N'y parut avec tant d'éclat
Que le père de l'épousée,
Qui d'elle autrefois amoureux
Avait avec le temps purifié les feux
Dont son âme était embrasée.
Il en avait banni tout désir criminel,
Et de cette odieuse flamme
Le peu qui restait dans son âme
N'en rendait que plus vif son amour paternel.

Dès qu'il la vit: "Que béni soit le Ciel
Qui veut bien que je te revoie,
Ma chère enfant", dit-il et, tout pleurant de joie,
Courut tendrement l'embrasser;
Chacun à son bonheur voulut s'intéresser,
Et le futur époux était ravi d'apprendre
Que d'un roi si puissant il devenait le gendre.

Dans ce moment la marraine arriva
Qui raconta toute l'histoire,
Et par son récit acheva
De combler Peau d'Ane de gloire.

Il n'est pas malaisé de voir
Que le but de ce conte est qu'un enfant apprenne
Qu'il vaut mieux s'exposer à la plus rude peine
Que de manquer à son devoir;
Que la vertu peut être infortunée,
Mais qu'elle est toujours couronnée;

Que contre un fol amour et ses fougueux transports
La raison la plus forte est une faible digue,
Et qu'il n'est point de si riches trésors
Dont un amant ne soit prodigue;

Que de l'eau claire et du pain bis
Suffisent pour la nourriture
De toute jeune créature.

Peau d'Ane

Pourvu qu'elle ait de beaux habits;
Que sous le ciel il n'est point de femelle
Qui ne s'imagine être belle,
Et qui souvent ne s'imagine encore
Que si des trois beautés la fameuse querelle
S'était démêlée avec elle, elle aurait eu la pomme d'or.

Le conte de Peau d'Ane est difficile à croire;
Mais tant que dans le monde on aura des enfants
Des mères et des mères-grands,
On en gardera la mémoire.

Donkey Skin

Once upon a time there was a king who was the most powerful ruler in the whole world. Kind and just in peace and terrifying in war, his enemies feared him while his subjects were happy and content. His wife and faithful companion was both charming and beautiful. From their union a daughter had been born.

Their large and magnificent palace was filled with courtiers, and their stables boasted steeds large and small, of every description. But what surprised everyone on entering these stables was that the place of honor was held by a donkey with two big ears. However, it was quite worthy of this position, for every morning, instead of dung, it dropped a great load of gold coins upon the litter.

Now heaven, which seems to mingle good with evil, suddenly permitted a bitter illness to attack the queen. Help was sought on all sides, but neither the learned physicians nor the charlatans were able to arrest the fever which increased daily. Finally, her last hour having come, the queen said to her husband: "Promise me that if, when I am gone, you find a woman wiser and more beautiful than I, you will marry her and so provide an heir for throne."

Confident that it would be impossible to find such a woman, the queen thus believed that her husband would never remarry. The king accepted his wife's conditions, and shortly thereafter she died in his arms.

For a time the king was inconsolable in his grief, both day and night. Some months later, however, on the urging of his courtiers, he agreed to marry again, but this was not an easy matter, for he had to keep his promise to his wife and search as he might, he could not find a new wife with all the attractions he sought. Only his daughter had a charm and beauty which even the queen had not possessed.

Thus only by marrying his daughter could he satisfy the promise he had made to his dying wife, and so he forthwith proposed marriage to her. This frightened and saddened the princess, and she tried to show her father the mistake he was making. Deeply troubled at this turn of events, she sought out her fairy godmother who lived in a grotto of coral and pearls.

"I know why you have come here," her godmother said. "In your heart there is a great sadness. But I am here to help you and nothing can harm you if you follow my advice. You must not disobey your father, but first tell him that you must have a dress which has the color of the sky. Certainly he will never be able to meet that request."

And so the young princess went all trembling to her father. But he, the moment he heard her request, summoned his best tailors and ordered them, without delay, to make a dress the color of the sky, or they could be assured he would hang them all.

The following day the dress was shown to the princess. It was the most beautiful blue of heaven. Filled now with both happiness and fear, she did not know what to do, but her godmother again told her, "Ask for a dress the color of the moon. Surely your father will not be able to give you this."

Donkey Skin

No sooner had the princess made the request than the king summoned his embroiderers and ordered that a dress the color of the moon be completed by the fourth day. On that very day it was ready and the princess was again delighted with its beauty.

But still her godmother urged her once again to make a request of the king, this time for a dress as bright and shining as the sun. This time the king summoned a wealthy jeweler and ordered him to make a cloth of gold and diamonds, warning him that if he failed he would die. Within a week the jeweler had finished the dress, so beautiful and radiant that it dazzled the eyes of everyone who saw it.

The princess did not know how to thank the king, but once again her godmother whispered in her ear. "Ask him for the skin of the donkey in the royal stable. The king will not consider your request seriously. You will not receive it, or I am badly mistaken." But she did not understand how extraordinary was the king's desire to please his daughter. Almost immediately the donkey's skin was brought to the princess.

Once again she was frightened and once again her godmother came to her assistance. "Pretend," she said, "to give in to the king. Promise him anything he wishes, but, at the same time, prepare to escape to some far country.

"Here," she continued, "is a chest in which we will put your clothes, your mirror, the things for your toilet, your diamonds and other jewels. I will give you my magic wand. Whenever you have it in your hand, the chest will follow you everywhere, always hidden underground. Whenever you wish to open the chest, as soon as you touch the wand to the ground, the chest will appear.

"To conceal you, the donkey's skin will be an admirable disguise, for when you are inside it, no one will believe that anyone so beautiful could be hidden in anything so frightful."

Early in the morning the princess disappeared as she was advised. They searched everywhere for her, in houses, along the roads, wherever she might have been, but in vain. No one could imagine what had become of her.

The princess, meanwhile, was continuing her flight. To everyone she met, she extended her hands, begging them to find her some place where she might find work. But she looked so unattractive and indeed so repulsive in her Donkey Skin disguise that no one would have anything to do with such a creature.

Farther and still farther she journeyed until finally she came to a farm where they needed a poor wretch to wash the dishcloths and clean out the pig troughs. They also made her work in a corner of the kitchen where she was exposed to the low jokes and ridicule of all the other servants.

On Sundays she had a little rest for, having completed her morning tasks, she went to her room and closed the door and bathed. Then she opened the chest, took out her toilet jars and set them up, with the mirror, before her. Having made herself beautiful once more, she tried on her moon dress, then that one which shone like the sun and, finally, the lovely blue dress. Her only regret was that she did not have room enough to display their trains. She was happy, however, in seeing herself young again, and this pleasure carried her along from one Sunday to the next.

On this great farm where she worked there was an aviary belonging to a powerful king. All sorts of unusual birds with strange habits were kept there. The king's son often stopped at this farm on his return from the hunt in order to rest and enjoy a cool drink with his courtiers.

From a distance Donkey Skin gazed on him with tenderness and remembered that beneath her dirt and rags she still had the heart of a princess. What a grand manner he has, she thought. How gracious he is! How happy must she be to whom his heart is pledged! If he should give me a dress of only the simplest sort, I would feel more splendid wearing it than any of these which I have.

One day the young prince, seeking adventure from court yard to court yard, came to the obscure hallway where Donkey Skin had her humble room. By chance he put his eye to the key hole. It was a feast-day and Donkey Skin had put on her dress of gold and diamonds which shone as brightly as the sun. The prince was breathless at her beauty, her youthfulness, and her modesty. Three times he was on the point of entering her room, but each time refrained.

On his return to his father's palace, the prince became very thoughtful, sighing day and night and refusing to attend any of the balls and carnivals. He lost his appetite and finally sank into sad and deadly melancholy. He asked who this beautiful maiden was that lived in such squalor and was told that it was Donkey Skin, the ugliest animal one could find, except the wolf, and a certain cure for love. This he would not believe, and he refused to forget what he had seen.

His mother, the queen, begged him to tell her what was wrong. Instead, he moaned, wept and sighed. He would say nothing, except that he wanted Donkey Skin to make him a cake with her own hands.

"O heavens," they told her, "this Donkey Skin is only a poor, drab servant."

"It makes no difference," replied the queen. "We must do as he says. It is the only way to save him."

So Donkey Skin took some flour which she had ground especially fine, and some salt, some butter and some fresh eggs and shut herself alone in her room to make the cake. But first she washed her face and hands and put on a silver smock in honor of the task she had undertaken.

Now the story goes that, working perhaps a little too hastily, there fell from Donkey Skin's finger into the batter a ring of great value. Some who know the outcome of this story think that she may have dropped the ring on purpose, and they are probably right, for when the prince stopped at her door and looked through the key hole, she must have known it. And she was sure that the ring would be received most joyfully by her lover.

The prince found the cake so good that in his ravishing hunger, he almost swallowed the ring! When he saw the beautiful emerald and the band of gold that traced the shape of Donkey Skin's finger, his heart was filled with an indescribable joy. At once he put the ring under his pillow, but his illness increased daily until finally the doctors, seeing him grow worse, gravely concluded that he was sick with love.

Marriage, whatever may be said against it, is an excellent remedy for love sickness. And so it was decided that the prince was to marry.

Donkey Skin

"But I insist," he said, "that I will wed only the person whom this ring fits." This unusual demand surprised the king and queen very much, but the prince was so ill that they did not dare object.

A search began for whoever might be able to fit the ring on her finger, no matter what the station in life. It was rumored throughout the land that in order to win the prince one must have a very slender finger. Every charlatan had his secret method of making the finger slim. One suggested scraping it as though it was a turnip. Another recommended cutting away a small piece. Still another, with a certain liquid, planned to decrease the size by removing the skin.

At last the trials began with the princesses, the marquesses and the duchesses, but their fingers, although delicate, were too big. for the ring. Then the countesses, the baronesses and all the nobility presented their hands, but all in vain. Next came the working girls, who often have slender and beautiful fingers, but the ring would not fit them, either.

Finally it was necessary to turn to the servants, the kitchen help, the slaveys and the poultry keepers, with their red and dirty hands. Putting the tiny ring on their clumsy fingers was like trying to thread a big rope through the eye of a needle.

At last the trials were finished. There remained only Donkey Skin in her far corner of the farm kitchen. Who could dream that she ever would be queen?

"And why not?" asked the prince. "Ask her to come here." At that, some started to laugh; others cried out against bringing that frightful creature into the room. But when she drew out from under the donkey skin a little hand as white as ivory and the ring vas placed on her finger and fitted perfectly, everyone was astounded.

They prepared to take her to the king at once, but she asked that before she appeared before her lord and master, she be permitted to change her clothes. To tell the truth, there was some smiling at this request, but when she arrived at the palace in her beautiful dress, the richness of which had never been equaled, with her blonde hair all alight with diamonds and her blue eyes sweet and appealing and even her waist so slender that two hands could have encircled it, then even the gracious ladies of the court seemed, by comparison, to have lost all their charms. In all this happiness and excitement, the king did not fail to notice the charms of his prospective daughter-in-law, and the queen was completely delighted with her. The prince himself found his happiness almost more than he could bear. Preparations for the wedding were begun at once, and the kings of all the surrounding countries were invited. Some came from the East, mounted on huge elephants. Others were so fierce looking that they frightened the little children. From all the corners of the world they came and descended on the court in great numbers.

But neither the prince nor the many visiting kings appeared in such splendor as the bride's father, who now recognized his daughter and begged her forgiveness.

"How kind heaven is," he said, "to let me see you again, my dear daughter." Weeping with joy, he embraced her tenderly. His happiness was shared by all, and the future husband was delighted to find that his father-in-law was such a powerful king. At that moment the fairy godmother arrived, too, and told the whole story of what had happened, and what she had to tell added the final triumph for Donkey Skin.

It is not hard to see that the moral of this tale is that it is better to undergo the greatest hardships rather than to fail in one's duty, that virtue may sometimes seem ill-fated but will always triumph in the end.

Le petit poucet

*I*l était une fois un bûcheron et une bûcheronne qui avaient sept enfants, tous des garçons. L'aîné n'avait que dix ans et le plus jeune n'en avait que sept. On s'étonnera que le bûcheron ait eu tant d'enfants en si peu de temps; mais c'est que sa femme allait vite en besogne, et n'en faisait pas moins de deux à la fois. Ils étaient très pauvres, et leurs sept enfants les incommodaient beaucoup, parce qu'aucun d'eux ne pouvait encore gagner sa vie. Ce qui les chagrinait encore, c'est que le plus jeune était fort délicat et ne disait mot: prenant pour bêtise ce qui était une marque de la bonté de son esprit. Il était tout petit, et quand il vint au monde, il n'était guère plus gros que le pouce, ce qui fit que l'on l'appela le petit Poucet. Ce pauvre enfant était le souffre-douleurs de la maison, et on lui donnait toujours tort. Cependant il était le plus fin, et le plus avisé de tous ses frères, et s'il parlait peu, il écoutait beaucoup.

****

Il vint une année très fâcheuse, et la famine fut si grande, que ces pauvres gens résolurent de se défaire de leurs enfants. Un soir que les enfants étaient couchés, et que le bûcheron était auprès du feu avec sa femme, il lui dit, le coeur serré de douleur :

-"Tu vois bien que nous ne pouvons plus nourrir nos enfants; je ne saurais les voir mourir de faim devant mes yeux, et je suis résolu d'aller les perdre demain au bois, ce qui sera bien aisé, car tandis qu'ils s'amuseront à fagoter, nous n'avons qu'à nous enfuir sans qu'ils nous voient.»

-»Ah !» s'écria la bûcheronne, «pourrais-tu bien toi-même mener perdre tes enfants ?"

Son mari avait beau lui représenter leur grande pauvreté, elle ne pouvait y consentir; elle était pauvre, mais elle était leur mère. Cependant ayant considéré quelle douleur ce lui serait de les voir mourir de faim, elle y consentit, et alla se coucher en pleurant. Le petit Poucet entendit tout ce qu'ils dirent, car ayant entendu depuis son lit qu'ils parlaient d'affaires, il s'était levé doucement, et s'était glissé sous l'escabelle de son père pour les écouter sans être vu. Il alla se recoucher et ne dormit point le reste de la nuit, songeant à ce qu'il avait à faire. Il se leva de bon matin, et alla au bord d'un ruisseau où il emplit ses poches de petits cailloux blancs, et ensuite revint à la maison. On partit, et le petit Poucet ne dit rien de tout ce qu'il savait à ses frères. Ils allèrent dans une forêt très épaisse, où à dix pas de distance on ne se voyait pas l'un l'autre. Le bûcheron se mit à couper du bois et ses enfants à ramasser les broutilles pour faire des fagots. Le père et la mère, les voyant occupés à travailler, s'éloignèrent d'eux insensiblement, et puis s'enfuirent tout à coup par un petit sentier détourné. Lorsque les enfants se virent seuls, ils se mirent à crier et à pleurer de toute leur force. Le petit Poucet les laissait crier, sachant bien par où il reviendrait à la maison; car en marchant il avait laissé tomber le long du chemin les petits cailloux blancs qu'il avait dans ses poches. Il leur dit donc :

-"Ne craignez point, mes frères; mon père et ma mère nous ont laissés ici, mais je vous ramènerai bien au logis, suivez-moi seulement."

Ils le suivirent, et il les mena jusqu'à leur maison par le même chemin qu'ils étaient venus dans la forêt. Ils n'osèrent d'abord entrer, mais ils se mirent tous contre la porte pour écouter ce que disaient leur père et leur mère.

Le petit poucet

****

Au moment où le bûcheron et la bûcheronne arrivèrent chez eux, le seigneur du village leur envoya dix écus qu'il leur devait il y avait longtemps, et dont ils n'espéraient plus rien: cela leur redonna vie, car les pauvres gens mouraient de faim. Le bûcheron envoya immédiatement sa femme à la boucherie. Comme il y avait longtemps qu'elle n'avait mangé, elle acheta trois fois plus de viande qu'il n'en fallait pour le souper de deux. Lorsqu'ils furent rassasiés, la bûcheronne dit :

-"Hélas! où sont maintenant nos pauvres enfants? Ils feraient bonne chère de ce qui nous reste là. Mais aussi Guillaume, c'est toi qui les as voulu perdre. J'avais bien dit que nous nous en repentirions. Que font-ils maintenant dans cette forêt? Hélas! mon Dieu, les loups les ont peut-être déjà mangés! Tu es bien inhumain d'avoir perdu ainsi tes enfants."

Le bûcheron s'impatienta à la fin, car elle redit plus de vingt fois qu'ils s'en repentiraient et qu'elle l'avait bien dit. Il la menaça de la battre si elle ne se taisait pas. Ce n'est pas que le bûcheron ne fût peut-être encore plus fâché que sa femme, mais c'est qu'elle lui cassait la tête, et qu'il était de l'humeur de beaucoup d'autres gens, qui aiment fort les femmes qui disent bien, mais qui trouvent très importunes celles qui ont toujours bien dit. La bûcheronne était toute en pleurs :

-"Hélas! où sont maintenant mes enfants, mes pauvres enfants?" Elle le dit une fois si haut que les enfants, qui étaient à la porte, l'ayant entendu, se mirent à crier tous ensemble :

-"Nous voilà, nous voilà."

Elle courut vite leur ouvrir la porte, et leur dit en les embrassant :

-"Que je suis contente de vous revoir, mes chers enfants! Vous êtes bien las, et vous avez bien faim; et toi Pierrot, comme te voilà crotté, viens que je te débarbouille."

Ce Pierrot était son fils aîné qu'elle aimait plus que tous les autres, parce qu'il était un peu rousseau, et qu'elle était un peu rousse. Ils se mirent à table, et mangèrent d'un appétit qui faisait plaisir au père et à la mère, à qui ils racontaient la peur qu'ils avaient eue dans la forêt en parlant presque toujours tous ensemble: ces bonnes gens étaient ravis de revoir leurs enfants avec eux, et cette joie dura tant que les dix écus durèrent. Mais lorsque l'argent fut dépensé, ils retombèrent dans leur premier chagrin, et résolurent de les perdre encore, et pour ne pas manquer leur coup, de les mener bien plus loin que la première fois. Ils ne purent parler de cela si secrètement qu'ils ne fussent entendus par le petit Poucet, qui fit son compte de sortir d'affaire comme il avait déjà fait; mais quoiqu'il se fût levé de bon matin pour aller ramasser des petits cailloux, il ne put en venir à bout, car il trouva la porte de la maison fermée à double tour. Il ne savait que faire, lorsque la bûcheronne leur ayant donné à chacun un morceau de pain pour leur déjeuner, il songea qu'il pourrait se servir de son pain au lieu de cailloux en le jetant par miettes le long des chemins où ils passeraient; il le serra donc dans sa poche. Le père et la mère les menèrent dans l'endroit de la forêt le plus épais et le plus obscur, et dès qu'ils y furent, ils gagnèrent un faux-fuyant et les laissèrent là. Le petit Poucet ne s'en chagrina pas beaucoup, parce qu'il croyait retrouver aisément son chemin grâce à son pain qu'il avait semé partout où il avait passé; mais il fut bien surpris lorsqu'il ne put en retrouver une seule miette; les oiseaux étaient venus qui avaient tout mangé. Les voilà donc bien affligés, car plus ils marchaient, plus ils s'égaraient et s'enfonçaient dans la forêt. La nuit vint, et il s'éleva un grand vent qui leur faisait épouvantablement peur. Ils croyaient n'entendre de tous côtés que des hurlements de loups qui venaient à eux pour les manger. Ils n'osaient presque se parler ni tourner la tête. Il survint une grosse pluie qui les trempa jusqu'aux os; ils glissaient à chaque pas et tombaient dans la boue, d'où ils se relevaient tout crottés, ne sachant que faire de leurs mains. Le petit Poucet grimpa au haut d'un arbre pour voir s'il ne découvrirait rien; ayant tourné la tête de tous côtés, il vit une petite lueur comme d'une chandelle, mais qui était bien loin par-delà la forêt. Il descendit de l'arbre; et lorsqu'il fut à terre, il ne vit plus rien; cela le désola. Cependant, ayant marché quelque temps avec ses frères du côté qu'il avait vu la lumière, il la revit en sortant du bois. Ils arrivèrent enfin à la maison où était cette chandelle, non sans bien des frayeurs, car souvent ils la perdaient de vue, ce qui leur arrivait toutes les fois qu'ils descendaient dans quelques fonds. Ils frappèrent à la porte, et une bonne femme vint leur ouvrir. Elle leur demanda ce qu'ils voulaient; le petit Poucet lui dit qu'ils étaient de pauvres enfants qui s'étaient perdus dans la forêt, et qui demandaient à coucher par charité. Cette femme les voyant tous si jolis se mit à pleurer, et leur dit :

-"Hélas! mes pauvres enfants, où êtes-vous venus? Savez-vous bien que c'est ici la maison d'un ogre qui mange les petits enfants?»

-»Hélas! Madame», lui répondit le petit Poucet, qui tremblait de toute sa force aussi bien que ses frères, «que ferons-nous? Il est bien sûr que les loups de la forêt ne manqueront pas de nous manger cette nuit, si vous ne voulez pas nous retirer chez vous. Et cela étant, nous aimons mieux que ce soit Monsieur qui nous mange; peut-être qu'il aura pitié de nous, si vous voulez bien l'en prier."

La femme de l'ogre, qui crut qu'elle pourrait les cacher à son mari jusqu'au lendemain matin, les laissa entrer et les mena se chauffer auprès d'un bon feu, car il y avait un mouton tout entier à la broche pour le souper de l'ogre. Comme ils commençaient à se chauffer, ils entendirent frapper trois ou quatre grands coups à la porte: c'était l'ogre qui revenait. Aussitôt sa femme les fit cacher sous le lit, et alla ouvrir la porte. L'ogre demanda d'abord si le souper était prêt, et si on avait tiré du vin, et aussitôt se mit à table. Le mouton était encore tout sanglant, mais il ne lui en sembla que meilleur. Il reniflait à droite et à gauche, disant qu'il sentait la chair fraîche.

-"Il faut», lui dit sa femme, «que ce soit ce veau que je viens d'habiller que vous sentez»

-»Je sens la chair fraîche, te dis-je encore une fois», reprit l'ogre, en regardant sa femme de travers, «et il y a ici quelque chose de louche."

En disant ces mots, il se leva de table, et alla droit au lit.

-"Ah, dit-il, voilà donc comme tu veux me tromper, maudite femme! Je ne sais à quoi il tient que je ne te mange aussi; bien t'en prend d'être une vieille bête. Voilà du gibier qui me vient bien à propos pour traiter trois ogres de mes amis qui doivent me venir voir ces jours ici."

Il les tira de dessous le lit l'un après l'autre. Ces pauvres enfants se mirent à genoux en lui demandant pardon; mais ils avaient à faire au plus cruel de tous les ogres, qui bien loin d'avoir de la pitié les dévorait déjà des yeux, et disait à sa femme que ce serait là de friands morceaux lorsqu'elle leur aurait fait une bonne sauce. Il alla prendre un grand couteau, et en approchant de ces pauvres enfants, il l'aiguisait sur une longue pierre qu'il tenait à sa main gauche. Il en avait déjà empoigné un, lorsque sa femme lui dit :

Le petit poucet

-"Que voulez-vous faire à l'heure qu'il est? N'aurez-vous pas assez de temps demain matin ?»

-»Tais-toi», reprit l'ogre, «ils en seront plus mortifiés.»

-»Mais vous avez encore là tant de viande», reprit sa femme, «voilà un veau, deux moutons et la moitié d'un cochon !»

-»Tu as raison», dit l'ogre, «donne-leur bien à souper afin qu'ils ne maigrissent pas, et va les mener coucher."

La bonne femme fut ravie de joie, et leur porta bien à souper, mais ils ne purent manger tant ils étaient saisis de peur. Quant à l'ogre, il se remit à boire, ravi d'avoir de quoi si bien régaler ses amis. Il but une douzaine de coupes, plus qu'à l'ordinaire, ce qui lui donna un peu mal à la tête, et l'obligea à aller se coucher.

****

L'ogre avait sept filles qui n'étaient encore que des enfants. Ces petites ogresses avaient toutes le teint fort beau, parce qu'elles mangeaient de la chair fraîche comme leur père; mais elles avaient de petits yeux gris et tout ronds, le nez crochu et une fort grande bouche avec de longues dents fort aiguës et éloignées l'une de l'autre. Elles n'étaient pas encore très méchantes; mais elles promettaient beaucoup, car elles mordaient déjà les petits enfants pour en sucer le sang. On les avait fait coucher de bonne heure, et elles étaient toutes sept dans un grand lit, ayant chacune une couronne d'or sur la tête. Il y avait dans la même chambre un autre lit de la même grandeur; ce fut dans ce lit que la femme de l'ogre mit coucher les sept petits garçons; après quoi elle alla se coucher auprès de son mari. Le petit Poucet qui avait remarqué que les filles de l'ogre avaient des couronnes d'or sur la tête, et qui craignait qu'il ne prit à l'ogre quelque remords de ne les avoir pas égorgés dès le soir même, se leva vers le milieu de la nuit, et prenant les bonnets de ses frères et le sien, il alla tout doucement les mettre sur la tête des sept filles de l'ogre, après leur avoir ôté leurs couronnes d'or qu'il mit sur la tête de ses frères et sur la sienne, afin que l'ogre les prit pour ses filles, et ses filles pour les garçons qu'il voulait égorger. La chose réussit comme il l'avait pensé; car l'ogre, s'étant éveillé vers minuit, eut regret d'avoir différé au lendemain ce qu'il pouvait exécuter la veille; il se jeta donc brusquement hors du lit, et prenant son grand couteau :

-"Allons voir», dit-il, «comment se portent nos petits drôles; n'en faisons pas à deux fois."

Il monta donc à tâtons à la chambre de ses filles et s'approcha du lit où étaient les petits garçons, qui dormaient tous excepté le petit Poucet, qui eut bien peur lorsqu'il sentit la main de l'ogre qui lui tâtait la tête, comme il avait tâté celles de tous ses frères. L'ogre, qui sentit les couronnes d'or :

-"Vraiment», dit-il, «j'allais faire là un bel ouvrage; je vois bien que j'ai trop bu hier soir."

Il alla ensuite au lit de ses filles où, ayant senti les petits bonnets des garçons :

-"Ah! les voilà», dit-il, «nos gaillards! travaillons hardiment."

En disant ces mots, il coupa sans hésiter la gorge à ses sept filles. Fort content de ce coup, il alla se recoucher auprès de sa femme. Aussitôt que le petit Poucet entendit ronfler l'ogre, il réveilla ses frères, et leur dit de s'habiller promptement et de le suivre. Ils descendirent doucement dans le jardin, et sautèrent par-dessus les murailles. Ils coururent presque toute la nuit, toujours en trem-blant et sans savoir où ils allaient. L'ogre s'étant éveillé dit à sa femme : -"Va-t'en là-haut habiller ces petits drôles d'hier au soir." L'ogresse fut fort étonnée de la bonté de son mari, ne se doutant point de la manière qu'il entendait qu'elle les habillât, et croyant qu'il lui ordonnait de les aller vêtir, elle monta en haut où elle fut bien surprise lorsqu'elle aperçut ses sept filles égorgées et nageant dans leur sang. Elle commença par s'évanouir (car c'est le premier expédient que trouvent presque toutes les femmes en pareilles rencontres). L'ogre, craignant que sa femme ne fût trop longtemps à faire la besogne dont il l'avait chargée, monta en haut pour l'aider. Il ne fut pas moins étonné que sa femme lorsqu'il vit cet affreux spectacle.

-"Ah! qu'ai-je fait là ?» s'écria-t-il. «Ils me le payeront, les malheureux, et bientôt."

Il jeta aussitôt une potée d'eau au visage de sa femme, et l'ayant fait revenir :

"Donne-moi vite mes bottes de sept lieues», lui dit-il, «afin que j'aille les attraper."

Il se mit en campagne, et après avoir couru bien loin de tous côtés, enfin il entra dans le chemin où marchaient les pauvres enfants qui n'étaient plus qu'à cent pas du logis de leur père. Ils virent l'ogre qui allait de montagne en montagne, et qui traversait des rivières aussi aisément qu'il aurait fait le moindre ruisseau. Le petit Poucet, qui vit un rocher creux proche le lieu où ils étaient, y fit cacher ses six frères, et s'y fourra aussi, regardant toujours ce que l'ogre deviendrait. L'ogre, qui se trouvait fort las du long chemin qu'il avait fait inutilement (car les bottes de sept lieues fatiguent fort leur homme), voulut se reposer, et par hasard il alla s'asseoir sur la roche où les petits garçons s'étaient cachés. Comme il n'en pouvait plus de fatigue, il s'endormit après s'être reposé quelque temps, et vint à ronfler si effroyablement que les pauvres enfants n'en eurent pas moins de peur que quand il tenait son grand couteau pour leur couper la gorge. Le petit Poucet en eut moins de peur, et dit à ses frères de s'enfuir promptement à la maison, pendant que l'ogre dormait bien fort, et qu'ils ne se missent point en peine de lui. Ils crurent son conseil et gagnèrent vite la maison. Le petit Pou-cet, s'étant approché de l'ogre, lui retira doucement les bottes, et les mit aussitôt. Les bottes étaient bien grandes et bien larges; mais comme elles étaient magiques, elles avaient le don de s'agrandir et de se rapetisser selon la jambe de celui qui les chaussait, de sorte qu'elles se trouvèrent aussi justes à ses pieds et à ses jambes que si elles avaient été faites pour lui. Il alla droit à la maison de l'ogre où il trouva sa femme qui pleurait auprès de ses filles égorgées.

-"Votre mari», lui dit le petit Poucet, «est en grand danger, car il a été pris par une troupe de voleurs qui ont juré de le tuer s'il ne leur donne tout son or et tout son argent. Au moment où ils lui tenaient le poignard sur la gorge, il m'a aperçu et m'a prié de vous venir avertir de l'état où il est, et de vous dire de me donner tout ce qu'il a de valeur sans en rien retenir, parce qu'autrement ils le tueront sans miséricorde: comme la chose presse beaucoup, il a voulu que je prisse ses bottes de sept lieues que voilà pour faire diligence, et aussi afin que vous ne croyiez pas que je sois un menteur."

La bonne femme fort effrayée lui donna aussitôt tout ce qu'elle avait: car cet ogre ne laissait pas d'être fort bon mari, quoiqu'il mangeât les petits enfants. Le petit Poucet étant donc chargé de toutes les richesses de l'ogre s'en revint au logis de son père, où il fut reçu avec bien de la joie.

****

Il y a bien des gens qui ne sont pas d'accord avec cette dernière circonstance, et qui prétendent que le petit Poucet n'a jamais fait ce vol à l'ogre; qu'à la vérité, il n'avait pas fait conscience de lui prendre ses bottes de sept lieues, parce qu'il ne s'en servait que pour courir après les petits enfants. Ces gens-là assurent le savoir de bonne part, et même pour avoir bu et mangé dans la maison du bûcheron. Ils assurent que lorsque le petit Poucet eut chaussé les bottes de l'ogre, il s'en alla à la cour, où il savait qu'on était fort en peine d'une armée qui était à deux cents lieues de là, et du succès d'une bataille qu'on avait donnée. Il alla, disent-ils, trouver le roi, et lui dit que s'il le souhaitait, il lui rapporterait des nouvelles de l'armée avant la fin du jour. Le roi lui promit une grosse somme d'argent s'il en venait à bout. Le petit Poucet rapporta des nouvelles dès le soir même, et cette première course l'ayant fait connaître, il gagnait tout ce qu'il voulait; car le roi le payait parfaitement bien pour porter ses ordres à l'armée, et une infinité de dames lui donnaient tout ce qu'il voulait pour avoir des nouvelles de leurs amants, et ce fut là son plus grand gain. Il se trouvait quelques femmes qui le chargeaient de lettres pour leurs maris, mais elles le payaient si mal, et cela allait à si peu de chose, qu'il ne daignait mettre en ligne de compte ce qu'il gagnait de ce côté-là. Après avoir fait pendant quelque temps le métier de courrier, et y avoir amassé beaucoup de bien, il revint chez son père, où il n'est pas possible d'imaginer la joie qu'on eut de le revoir. Il mit toute sa famille à son aise. Il acheta des offices de nouvelle création pour son père et pour ses frères; et par là il les établit tous, et fit parfaitement bien sa cour en même temps.

Little Thumb

Once upon a time there lived a woodcutter and his wife; they had seven children, all boys. The eldest was but ten years old, and the youngest only seven. People were astonished that the woodcutter had had so many children in such a short time, but his wife was very fond of children, and never had less than two at a time

They were very poor, and their seven children inconvenienced them greatly, because not one of them was able to earn his own way. They were especially concerned, because the youngest was very sickly. He scarcely ever spoke a word, which they considered to be a sign of stupidity, although it was in truth a mark of good sense. He was very little, and when born no bigger than one's thumb, for which reason they called him Little Thumb.

The poor child bore the blame of everything that went wrong in the house. Guilty or not, he was always held to be at fault. He was, notwithstanding, more cunning and had a far greater share of wisdom than all his brothers put together. And although he spoke little, he listened well.

There came a very bad year, and the famine was so great that these poor people decided to rid themselves of their children. One evening, when the children were all in bed and the woodcutter was sitting with his wife at the fire, he said to her, with his heart ready to burst with grief, "You see plainly that we are not able to keep our children, and I cannot see them starve to death before my face. I am resolved to lose them in the woods tomorrow, which may very easily be done; for, while they are busy in tying up the bundles of wood, we can leave them, without their noticing."

"Ah!" cried out his wife; "and can you yourself have the heart to take your children out along with you on purpose to abandon them?"

In vain her husband reminded her of their extreme poverty. She would not consent to it. Yes, she was poor, but she was their mother. However, after having considered what a grief it would be for her to see them perish with hunger, she at last consented, and went to bed in tears.

Little Thumb heard every word that had been spoken; for observing, as he lay in his bed, that they were talking very busily, he got up softly, and hid under his father's stool, in order to hear what they were saying without being seen. He went to bed again, but did not sleep a wink all the rest of the night, thinking about what he had to do. He got up early in the morning, and went to the riverside, where he filled his pockets with small white pebbles, and then returned home.

They all went out, but Little Thumb never told his brothers one syllable of what he knew. They went into a very thick forest, where they could not see one another at ten paces distance. The woodcutter began his work, and the children gathered up the sticks into bundles. Their father and mother, seeing them busy at their work, slipped away from them without being seen, and returned home along a byway through the bushes.

When the children saw they had been left alone, they began to cry as loudly as they could. Little Thumb let them cry, knowing very well how to get home again, for he had dropped the little white pebbles all along the way. Then he said to them, "Don't be afraid, brothers. Father and mother have left us here, but I will lead you home again. Just follow me."

Little Thumb

They did so, and he took them home by the very same way they had come into the forest. They dared not go in, but sat down at the door, listening to what their father and mother were saying.

The woodcutter and his wife had just arrived home, when the lord of the manor sent them ten crowns, which he had owed them a long while, and which they never expected. This gave them new life, for the poor people were almost famished. The woodcutter sent his wife immediately to the butcher's. As it had been a long while since they had eaten, she bought three times as much meat as would be needed for two people.

When they had eaten, the woman said, "Alas! Where are our poor children now? They would make a good feast of what we have left here; but it was you, William, who decided to abandon them. I told you that we would be sorry for it. What are they now doing in the forest? Alas, dear God, the wolves have perhaps already eaten them up. You are very inhuman to have abandoned your children in this way."

The woodcutter at last lost his patience, for she repeated it more than twenty times, that they would be sorry for it, and that she was right for having said so. He threatened to beat her if she did not hold her tongue. It was not that the woodcutter was less upset than his wife, but that she was nagging him. He, like many others, was of the opinion that wives should say the right thing, but that they should not do so too often.

She nearly drowned herself in tears, crying out, "Alas! Where are now my children, my poor children?"

She spoke this so very loud that the children, who were at the gate, began to cry out all together, "Here we are! Here we are!"

She immediately ran to open the door, and said, hugging them, "I am so glad to see you, my dear children; you are very hungry and tired. And my poor Peter, you are horribly dirty; come in and let me clean you."

Now, you must know that Peter was her eldest son, whom she loved above all the rest, because he had red hair, as she herself did.

They sat down to supper and ate with a good appetite, which pleased both father and mother. They told them how frightened they had been in the forest, speaking almost always all together. The parents were extremely glad to see their children once more at home, and this joy continued while the ten crowns lasted; but, when the money was all gone, they fell again into their former uneasiness, and decided to abandon them again. This time they resolved to take them much deeper into the forest than before.

Although they tried to talk secretly about it, again they were overheard by Little Thumb, who made plans to get out of this difficulty as well as he had the last time. However, even though he got up very early in the morning to go and pick up some little pebbles, he could not do so, for he found the door securely bolted and locked. Their father gave each of them a piece of bread for their breakfast, and he fancied he might make use of this instead of the pebbles, by throwing it in little bits all along the way; and so he put it into his pocket.

Their father and mother took them into the thickest and most obscure part of the forest, then, slipping away by an obscure path, they left them there. Little Thumb was not concerned, for he thought he could easily find the way again by means of his bread, which he had scattered along the way; but he was very much surprised when he could not find so much as one crumb. The birds had come and had eaten every bit of it up. They were now in great distress, for the farther they went the more lost and bewildered they became.

Night now came on, and there arose a terrible high wind, which made them dreadfully afraid. They fancied they heard on every side of them the howling of wolves coming to eat them up. They scarcely dared to speak or turn their heads. After this, it rained very hard, which drenched them to the skin; their feet slipped at every step they took, and they fell into the mire, getting them muddy all over. Their hands were numb with cold.

Little Thumb climbed to the top of a tree, to see if he could discover anything. Turning his head in every direction, he saw at last a glimmering light, like that of a candle, but a long way from the forest. He came down, but from the ground, he could no longer see it no more, which concerned him greatly. However, after walking for some time with his brothers in the direction where he had seen the light, he perceived it again as he came out of the woods.

They came at last to the house where this candle was, but not without many fearful moments, for every time they walked down into a hollow they lost sight of it. They knocked at the door, and a good woman opened it. She asked them what they wanted.

Little Thumb told her they were poor children who had been lost in the forest, and begged her, for God's sake, to give them lodging.

The woman, seeing that they were good looking children, began to weep, and said to them, "Alas, poor babies, where are you from? Do you know that this house belongs to a cruel ogre who eats up little children?"

"Ah! dear madam," answered Little Thumb (who, as well as his brothers, was trembling all over), "what shall we do? If you refuse to let us sleep here then the wolves of the forest surely will devour us tonight. We would prefer the gentleman to eat us, but perhaps he would take pity upon us, especially if you would beg him to."

The ogre's wife, who believed she could hide them from her husband until morning, let them come in, and had them to warm themselves at a very good fire. There was a whole sheep on the spit, roasting for the ogre's supper.

After they warmed up a little, they heard three or four great raps at the door. This was the ogre, who was come home. Hearing him, she hid them under the bed and opened the door. The ogre immediately asked if supper was ready and the wine drawn, and then sat down at the table. The sheep was still raw and bloody, but he preferred it that way. He sniffed about to the right and left, saying, "I smell fresh meat."

His wife said, "You can smell the calf which I have just now killed and flayed."

Little Thumb

"I smell fresh meat, I tell you once more," replied the ogre, looking crossly at his wife, "and there is something here which I do not understand."

As he spoke these words he got up from the table and went directly to the bed. "Ah, hah!" he said. "I see then how you would cheat me, you cursed woman; I don't know why I don't eat you as well. It is fortunate for you that you are tough old carrion. But here is good game, which has luckily arrived just in time to serve to three ogre friends who are coming here to visit in a day or two."

With that he dragged them out from under the bed, one by one. The poor children fell upon their knees, and begged his pardon; but they were dealing with one of the cruelest ogres in the world. Far from having any pity on them, he had already devoured them with his eyes. He told his wife that they would be delicate eating with good savory sauce. He then took a large knife, and, approaching the poor children, sharpened it on a large whetstone which he held in his left hand.

He had already taken hold of one of them when his wife said to him, "Why do it now? Is it not tomorrow soon enough?"

"Hold your chatter," said the ogre; "they will be more tender, if I kill them now."

"But you have so much meat already," replied his wife. "You have no need for more. Here are a calf, two sheep, and half a hog."

"That is true," said the ogre. "Feed them so they don't get too thin, and put them to bed."

The good woman was overjoyed at this, and offered them a good supper, but they were so afraid that they could not eat a bit. As for the ogre, he sat down to drink, being highly pleased that now had something special to treat his friends. He drank a dozen glasses more than ordinary, which went to his head and made him sleepy.

The ogre had seven little daughters. These young ogresses all had very fine complexions, because they ate fresh meat like their father; but they had little gray eyes, quite round, hooked noses, and very long sharp teeth, well spaced from each other. As yet they were not overly mischievous, but they showed great promise for it, for they had already bitten little children in order to suck their blood.

They had been put to bed early, all seven in a large bed, and each of them wearing a crown of gold on her head. The ogre's wife gave the seven little boys a bed just as large and in the same room, then she went to bed to her husband.

Little Thumb, who had observed that the ogre's daughters had crowns of gold upon their heads, and was afraid lest the ogre should change his mind about not killing them, got up about midnight, and, taking his brothers' caps and his own, went very softly and put them on the heads of the seven little ogresses, after having taken off their crowns of gold, which he put on his own head and his brothers', that the ogre might take them for his daughters, and his daughters for the little boys whom he wanted to kill.

All of this happened according to his plan for, the ogre awakened about midnight and, regretting that he had put off until morning that which he might have done tonight, he hastily got out of bed and picked up his large knife. "Let us see," he said, "how our little rogues are doing! We'll not make that mistake a second time!"

He then went, groping all the way, into his daughters' room. He came to the bed where the little boys lay. They were all fast asleep except Little Thumb, who was terribly afraid when he felt the ogre feeling about his head, as he had done about his brothers'. Feeling the golden crowns, the ogre said, "That would have been a terrible mistake. Truly, I did drink too much last night."

Then he went to the bed where the girls lay. Finding the boys' caps on them, he said, "Ah, hah, my merry lads, here you are. Let us get to work." So saying, and without further ado, he cut all seven of his daughters' throats. Well pleased with what he had done, he went to bed again to his wife.

As soon as Little Thumb heard the ogre snore, he wakened his brothers and told them to put on their clothes immediately and to follow him. They stole softly down into the garden, and climbed over the wall. They kept running nearly the whole night, trembling all the while, and not knowing which way they were going.

The ogre, when he awoke, said to his wife, "Go upstairs and dress those young rascals who came here last night."

The ogress was very much surprised at this goodness of her husband, not dreaming how he intended that she should dress them, thinking that he had ordered her to go and put their clothes on them, she went up, and was horribly astonished when she saw her seven daughters with their throats cut and lying in their own blood.

She fainted away, for this is the first expedient almost all women find in such cases. The ogre, fearing his wife would be too long in doing what he had ordered, went up himself to help her. He was no less amazed than his wife at this frightful spectacle.

"What have I done?" he cried. "Those wretches shall soon pay for this!" He threw a pitcher of water on his wife's face, and, having brought her to herself, cried, "Bring me my seven-league boots at once, so that I can catch them."

He went out, and ran this way and that over a vast amount of ground. At last he came to the very road where the poor children were, and not more than a hundred paces from their father's house. They saw the ogre coming, who was stepping from mountain to mountain, and crossing over rivers as easily as if they were little streams. Little Thumb hid himself and his brothers in a nearby hollow rock, all the while keeping watch on the ogre.

The ogre was very tired from his long and fruitless journey (for seven-league boots are very tiring to wear), and decided to take a rest. By chance he sat on the rock where the little boys had hid themselves. He was so tired that he fell asleep, and began to snore so frightfully that the poor children were no less afraid of him than when he had held up his large knife and was about to cut their throats. However, Little Thumb was not as frightened as his brothers were, and told them that they immediately should run away towards home while the ogre was asleep so soundly, and that they should not worry about him. They took his advice, and soon reached home. Little Thumb came up to the ogre, pulled off his boots gently and put them on his own feet. The boots were very long and large, but because they were enchanted, they became big or little to fit the person who was wearing them. So they fit his feet and legs as well as if they had been custom made for him. He immediately went to the ogre's house, where he saw his wife crying bitterly for the loss of her murdered daughters.

"Your husband," said Little Thumb, "is in very great danger. He has been captured by a gang of thieves, who have sworn to kill him if he does not give them all his gold and silver. At the very moment they were holding their daggers to his throat he saw me, and begged me to come and tell you the condition he is in. You should give me everything he has of value, without keeping back anything at all, for otherwise they will kill him without mercy. Because his case is so very urgent, he lent me his boots (you see I have them on), that I might make the more haste and to show you that he himself has sent me to you."

The good woman, being sadly frightened, gave him all she had, for although this ogre ate up little children, he was a good husband. Thus Little Thumb got all the ogre's money. He returned with it to his father's house, where he was received with great joy.

There are many people who do not agree with this last detail. They claim that Little Thumb never robbed the ogre at all, that he only made off with the seven-league boots, and that with a good conscience, because the ogre's only use of them was to pursue little children. These folks affirm that they are quite sure of this, because they have often drunk and eaten at the woodcutter's house.

These people claim that after taking off the ogre's boots, Little Thumb went to court, where he learned that there was much concern about the outcome of a certain battle and the condition of a certain army, which was two hundred leagues off. They say that he went to the king, and told him that, if he desired it, he would bring him news from the army before night. The king promised him a great sum of money if he could do so. Little Thumb was as good as his word, and returned that very same night with the news. This first feat brought him great fame, and he could then name his own price. Not only did the king pay him very well for carrying his orders to the army, but the ladies of the court paid him handsomely to bring them information about their lovers. Occasionally wives gave him letters for their husbands, but they paid so poorly, that he did not even bother to keep track of the money he made in this branch of his business.

After serving as a messenger for some time and thus acquiring great wealth, he went home to his father, where he was received with inexpressible joy. He made the whole family very comfortable, bought positions for his father and brothers, all the while handsomely looking after himself as well.

Le petit chaperon rouge

*I*l était une fois une petite fille de village, la plus jolie qu'on eût su voir; sa mère en était folle, et sa mère-grand plus folle encore. Cette bonne femme lui fit faire un petit chaperon rouge, qui lui seyait si bien, que partout on l'appelait le petit chaperon rouge.

Un jour sa mère, ayant cuit et fait des galettes, lui dit:

-"Va voir comment se porte ta mère-grand, car on m'a dit qu'elle était malade, porte-lui une galette et ce petit pot de beurre."

Le petit chaperon rouge partit aussitôt pour aller chez sa mère-grand, qui demeurait dans un autre village. En passant dans un bois elle rencontra compère le loup, qui eut bien envie de la manger, mais il n'osa, à cause de quelques bûcherons qui étaient dans la forêt. Il lui demanda où elle allait; la pauvre enfant, qui ne savait pas qu'il est dangereux de s'arrêter à écouter un loup, lui dit:

-"Je vais voir ma mère-grand, et lui porter une galette avec un petit pot de beurre que ma mère lui envoie.»

-»Demeure-t-elle bien loin?» lui dit le loup.

-»Oh! oui», dit le petit chaperon rouge, «c'est par delà le moulin que vous voyez tout là-bas, là-bas, à la première maison du village.»

-»Eh bien!», dit le loup, «je veux y aller voir aussi; je m'y en vais par ce chemin-ci, et toi par ce chemin-là, et nous verrons qui plus tôt y sera.»

Le loup se mit à courir de toute sa force par le chemin qui était le plus court, et la petite fille s'en alla par le chemin le plus long, s'amusant à cueillir des noisettes, à courir après des papillons, et à faire des bouquets des petites fleurs qu'elle rencontrait.

Le loup ne fut pas longtemps à arriver à la maison de la mère-grand; il heurte:Toc, toc.

-"Qui est là?»

-»C'est votre fille le petit chaperon rouge» (dit le loup, en contrefaisant sa voix) «qui vous apporte une galette et un petit pot de beurre que ma mère vous envoie."

La bonne mère-grand, qui était dans son lit, car elle se trouvait un peu mal, lui cria:

-"Tire la chevillette, la bobinette cherra."

Le loup tira la chevillette, et la porte s'ouvrit. Il se jeta sur la bonne femme, et la dévora en moins de rien; car il y avait plus de trois jours qu'il n'avait mangé. Ensuite il ferma la porte, et s'alla coucher dans le lit de la mère-grand, en attendant le petit chaperon rouge, qui quelque temps après vint heurter à la porte. Toc, toc.

Le petit chaperon rouge

-"Qui est là?".

Le petit chaperon rouge, qui entendit la grosse voix du loup, eut peur d'abord, mais croyant que sa mère-grand était enrhumée, répondit:

-"C'est votre fille le petit chaperon rouge, qui vous apporte une galette et un petit pot de beurre que ma mère vous envoie."

Le loup lui cria, en adoucissant un peu sa voix:

-"Tire la chevillette, la bobinette cherra."

Le petit chaperon rouge tira la chevillette, et la porte s'ouvrit. Le loup, la voyant entrer, lui dit en se cachant dans le lit sous la couverture:

-"Mets la galette et le petit pot de beurre sur la huche, et viens te coucher avec moi."

Le petit chaperon rouge se déshabille, et va se mettre dans le lit, où elle fut bien étonnée de voir comment sa mère-grand était faite en son déshabillé. Elle lui dit:

-"Ma mère-grand que vous avez de grands bras!»

-»C'est pour mieux t'embrasser ma fille.»

-»Ma mère-grand que vous avez de grandes jambes!»

-»C'est pour mieux courir mon enfant.»

-»Ma mère-grand que vous avez de grandes oreilles!»

-»C'est pour mieux écouter mon enfant.»

-»Ma mère-grand que vous avez de grands yeux!»

-»C'est pour mieux voir mon enfant.»

-»Ma mère-grand que vous avez de grandes dents!»

-»C'est pour te manger."

Et en disant ces mots, le méchant loup se jeta sur le petit chaperon rouge, et la mangea.

Little Red Riding Hood

Once upon a time there lived in a certain village a little country girl, the prettiest creature who was ever seen. Her mother was excessively fond of her; and her grandmother doted on her still more. This good woman had a little red riding hood made for her. It suited the girl so extremely well that everybody called her Little Red Riding Hood.

One day her mother, having made some cakes, said to her, "Go, my dear, and see how your grandmother is doing, for I hear she has been very ill. Take her a cake, and this little pot of butter."

Little Red Riding Hood set out immediately to go to her grandmother, who lived in another village.

As she was going through the wood, she met with a wolf, who had a very great mind to eat her up, but he dared not, because of some woodcutters working nearby in the forest. He asked her where she was going. The poor child, who did not know that it was dangerous to stay and talk to a wolf, said to him, "I am going to see my grandmother and carry her a cake and a little pot of butter from my mother."

"Does she live far off?" said the wolf

"Oh I say," answered Little Red Riding Hood; "it is beyond that mill you see there, at the first house in the village."

"Well," said the wolf, "and I'll go and see her too. I'll go this way and go you that, and we shall see who will be there first."

The wolf ran as fast as he could, taking the shortest path, and the little girl took a roundabout way, entertaining herself by gathering nuts, running after butterflies, and gathering bouquets of little flowers. It was not long before the wolf arrived at the old woman's house. He knocked at the door: tap, tap.

"Who's there?"

"Your grandchild, Little Red Riding Hood," replied the wolf, counterfeiting her voice; "who has brought you a cake and a little pot of butter sent you by mother."

The good grandmother, who was in bed, because she was somewhat ill, cried out, "Pull the bobbin, and the latch will go up."

The wolf pulled the bobbin, and the door opened, and then he immediately fell upon the good woman and ate her up in a moment, for it been more than three days since he had eaten. He then shut the door and got into the grandmother's bed, expecting Little Red Riding Hood, who came some time afterwards and knocked at the door: tap, tap.

"Who's there?"

Little Red Riding Hood

Little Red Riding Hood, hearing the big voice of the wolf, was at first afraid; but believing her grandmother had a cold and was hoarse, answered, "It is your grandchild Little Red Riding Hood, who has brought you a cake and a little pot of butter mother sends you."

The wolf cried out to her, softening his voice as much as he could, "Pull the bobbin, and the latch will go up."

Little Red Riding Hood pulled the bobbin, and the door opened.

The wolf, seeing her come in, said to her, hiding himself under the bedclothes, "Put the cake and the little pot of butter upon the stool, and come get into bed with me."

Little Red Riding Hood took off her clothes and got into bed. She was greatly amazed to see how her grandmother looked in her nightclothes, and said to her, "Grandmother, what big arms you have!"

"All the better to hug you with, my dear."

"Grandmother, what big legs you have!"

"All the better to run with, my child."

"Grandmother, what big ears you have!"

"All the better to hear with, my child."

"Grandmother, what big eyes you have!"

"All the better to see with, my child."

"Grandmother, what big teeth you have got!"

"All the better to eat you up with."

And, saying these words, this wicked wolf fell upon Little Red Riding Hood, and ate her all up.

RIQUET A LA HOUPPE

*I*l était une fois une reine qui accoucha d'un fils, si laid et si mal fait, qu'on douta longtemps s'il avait forme humaine. Une fée qui se trouva à sa naissance assura qu'il ne laisserait pas d'être aimable, parce qu'il aurait beaucoup d'esprit; elle ajouta même qu'il pourrait, en vertu du don qu'elle venait de lui faire, donner autant d'esprit qu'il en aurait à celle qu'il aimerait le mieux. Tout cela consola un peu la pauvre reine, qui était bien affligée d'avoir mis au monde un si vilain marmot. Il est vrai que cet enfant ne commença pas plus tôt à parler qu'il dit mille jolies choses, et qu'il avait dans toutes ses actions je ne sais quoi de si spirituel, qu'on en était charmé. J'oubliais de dire qu'il vint au monde avec une petite houppe de cheveux sur la tête, ce qui fit qu'on le nomma Riquet à la houppe, car Riquet était le nom de la famille.

****

Au bout de sept ou huit ans la reine d'un royaume voisin accoucha de deux filles. La première qui vint au monde était plus belle que le jour: la reine en fut si aise, qu'on appréhenda que la trop grande joie qu'elle en avait ne lui fit mal. La même fée qui avait assisté à la naissance du petit Riquet à la houppe était présente, et pour modérer la joie de la reine, elle lui déclara que cette petite princesse n'aurait point d'esprit, et qu'elle serait aussi stupide qu'elle était belle. Cela mortifia beaucoup la reine; mais elle eut quelques moments après un bien plus grand chagrin, car la seconde fille dont elle accoucha se trouva extrêmement laide.

-"Ne vous affligez point tant, Madame», lui dit la fée ;»votre fille sera récompensée d'ailleurs, et elle aura tant d'esprit, qu'on ne s'apercevra presque pas qu'il lui manque de la beauté.»

-»Dieu le veuille», répondit la reine, «mais n'y aurait-il point moyen de faire avoir un peu d'esprit à l'aînée qui est si belle ?»

-»Je ne puis rien pour elle, Madame, du côté de l'esprit, lui dit la fée, mais je puis tout du côté de la beauté; et comme il n'y a rien que je ne veuille faire pour votre satisfaction, je vais lui donner pour don de pouvoir rendre beau qui lui plaira."

****

A mesure que ces deux princesses devinrent grandes, leurs perfections crûrent aussi avec elles, et on ne parlait partout que de la beauté de l'aînée, et de l'esprit de la cadette. Il est vrai aussi que leurs défauts augmentèrent beaucoup avec l'âge. La cadette enlaidissait à vue d'oeil, et l'aînée devenait plus stupide de jour en jour. Ou elle ne répondait rien à ce qu'on lui demandait, ou elle disait une sottise. Elle était avec cela si maladroite qu'elle n'eût pu ranger quatre porcelaines sur le bord d'une cheminée sans en casser une, ni boire un verre d'eau sans en répandre la moitié sur ses habits. Quoique la beauté soit un grand avantage chez une jeune femme, cependant la cadette l'emportait presque toujours sur son aînée dans toutes les soirées. D'abord on allait du côté de la plus belle pour la voir et pour l'admirer, mais bientôt après, on allait à celle qui avait le plus d'esprit, pour lui entendre dire mille choses agréables, et on était étonné qu'en moins d'un quart d'heure l'aînée n'avait plus personne auprès d'elle, et que tout le monde s'était rangé autour de la cadette. L'aînée, quoique fort stupide, le remarqua bien, et elle eût donné sans regret toute sa beauté pour avoir la moitié de l'esprit de sa soeur. La reine, toute sage qu'elle était, ne put s'empêcher de lui reprocher plusieurs fois sa bêtise, ce qui pensa faire mourir de douleur cette pauvre princesse.

****

Un jour qu'elle s'était retirée dans un bois pour y plaindre son malheur, elle vit venir à elle un petit homme fort laid et fort désagréable, mais vêtu très magnifiquement. C'était le jeune prince Riquet à la houppe, qui étant devenu amoureux d'elle d'après ses portraits qui circulaient par tout le monde, avait quitté le royaume de son père pour avoir le plaisir de la voir et de lui parler. Ravi de la rencontrer ainsi toute seule, il l'aborde avec tout le respect et toute la politesse imaginables. Ayant remarqué, après lui avoir fait les compliments ordinaires, qu'elle était fort mélancolique, il lui dit:

-"Je ne comprends point, Madame, comment quelqu'un aussi belle que vous l'êtes peut être aussi triste que vous le paraissez; car, quoique je puisse me vanter d'avoir vu une infinité de belles dames, je puis dire que je n'en ai jamais vu dont la beauté approche de la vôtre.»

-»Cela vous plaît à dire, Monsieur", lui répondit la princesse, et en demeure là.

-"La beauté,» reprit Riquet à la houppe, «est un si grand avantage qu'il doit tenir lieu de tout le reste; et quand on le possède, je ne vois pas qu'il y ait rien qui puisse nous affliger beaucoup.»

-»J'aimerais mieux,» dit la princesse, «être aussi laide que vous et avoir de l'esprit, que d'avoir de la beauté comme j'en ai, et être bête autant que je le suis.»

-»Il n'y a rien, Madame, qui marque davantage qu'on a de l'esprit, que de croire n'en pas avoir, et il est de la nature de ce bien-là, que plus on en a, plus on croit en manquer.»

-»Je ne sais pas cela», dit la princesse,» mais je sais bien que je suis fort bête, et c'est de là que vient le chagrin qui me tue.»

-»Si ce n'est que cela, Madame, qui vous afflige, je puis aisément mettre fin à votre douleur.»

-»Et comment ferez-vous?» dit la princesse.

-»J'ai le pouvoir, Madame, dit Riquet à la houppe, de donner de l'esprit autant qu'on en saurait avoir à celle que je dois aimer le plus; et comme vous êtes, Madame, celle-là, il n'en tiendra qu'à vous que vous n'ayez autant d'esprit qu'on en peut avoir, pourvu que vous vouliez bien m'épouser."La princesse demeura toute interdite, et ne répondit rien.

-"Je vois», reprit Riquet à la houppe, «que cette proposition vous fait de la peine, et je ne m'en étonne pas; mais je vous donne un an tout entier pour vous y résoudre."

****

La princesse avait si peu d'esprit, et en même temps une si grande envie d'en avoir, qu'elle s'imagina que la fin de cette année ne viendrait jamais; de sorte qu'elle accepta la proposition qui lui était faite. Elle n'eut pas plus tôt promis à Riquet à la houppe qu'elle l'épouserait dans un an à pareil jour, qu'elle se sentit tout autre qu'elle n'était auparavant; elle se trouva une facilité incroyable à dire tout ce qui lui plaisait, et à le dire d'une manière fine, aisée et naturelle. Elle commença dès ce moment une conversation galante et soutenue avec Riquet à la houppe, où elle brilla d'une telle force que Riquet à la houppe crut lui avoir donné plus d'esprit qu'il ne s'en était réservé pour lui-même. Quand elle fut retournée au palais, toute la cour ne savait que penser d'un changement si subit et si extraordinaire, car autant qu'on lui avait entendu dire d'impertinences auparavant, autant lui entendait-on dire des choses bien sensées et infiniment spirituelles. Toute la cour en eut une joie qui ne peut s'imaginer; il n'y eut que sa cadette qui n'en fut pas bien aise, parce que n'ayant plus sur son aînée l'avantage de l'esprit, elle ne paraissait plus auprès d'elle qu'une guenon fort désagréable. Le roi se conduisait selon ses avis, et allait même quelquefois tenir le conseil dans son appartement. Le bruit de ce changement s'étant répandu, tous les jeunes princes des royaumes voisins firent grands efforts pour s'en faire aimer, et presque tous la demandèrent en mariage; mais elle n'en trouvait point qui eût assez d'esprit, et elle les écoutait tous sans s'engager avec l'un d'eux. Cependant il en vint un si puissant, si riche, si spirituel et si bien fait, qu'elle ne put s'empêcher d'avoir de la bonne volonté pour lui. Son père, s'en étant aperçu, lui dit qu'il la faisait la maîtresse sur le choix d'un époux, et qu'elle n'avait qu'à se déclarer. Comme plus on a d'esprit et plus on a de peine à prendre une ferme résolution sur cette affaire, elle demanda, après avoir remercié son père, qu'il lui donnât du temps pour y penser. Elle alla par hasard se promener dans le même bois où elle avait trouvé Riquet à la houppe, pour rêver plus commodément à ce qu'elle avait à faire. Dans le temps qu'elle se promenait, rêvant profondément, elle entendit un bruit sourd sous ses pieds, comme de plusieurs gens qui vont et viennent et qui agissent. Ayant prêté l'oreille plus attentivement, elle entendit que l'un disait:

-"Apporte-moi cette marmite"; l'autre:

- "Donne-moi cette chaudière"; l'autre:

- "Mets du bois dans ce feu."

La terre s'ouvrit dans le même temps, et elle vit sous ses pieds comme une grande cuisine pleine de cuisiniers, de marmitons et de toutes sortes d'officiers nécessaires pour faire un festin magnifique. Il en sortit une bande de vingt ou trente rôtisseurs, qui allèrent se camper dans une allée du bois autour d'une table fort longue, et qui tous, la lardoire à la main, et la queue de renard sur l'oreille, se mirent à travailler en cadence au son d'une chanson harmonieuse. La princesse, étonnée de ce spectacle, leur demanda pour qui ils travaillaient.

-"C'est, Madame», lui répondit le plus apparent de la bande, «pour le prince Riquet à la houppe, dont les noces se feront demain.»

La princesse, encore plus surprise qu'elle ne l'avait été, et se ressouvenant tout à coup qu'il y avait un an qu'à pareil jour elle avait promis d'épouser le prince Riquet à la houppe, elle pensa tomber de son haut. Ce qui faisait qu'elle ne s'en souvenait pas, c'est que, quand elle fit cette promesse, elle était bête, et qu'en prenant le nouvel esprit que le prince lui avait donné, elle avait oublié toutes ses sottises. Elle n'eut pas fait trente pas en continuant sa promenade, que Riquet à la houppe se présenta à elle, brave, magnifique, et comme un prince qui va se marier. -"Vous me voyez, dit-il, Madame, exact à tenir ma parole, et je ne doute point que vous ne veniez ici pour exécuter la vôtre, et me rendre, en me donnant la main, le plus heureux de tous les hommes.»

-»Je vous avouerai franchement,» répondit la princesse, «que je n'ai pas encore pris ma décision là-dessus, et que je ne crois pas pouvoir jamais la prendre comme vous la souhaitez.»

-»Vous m'étonnez, Madame», lui dit Riquet à la houppe.

-»Je le crois», dit la princesse, «et assurément si j'avais affaire à un brutal, à un homme sans esprit, je me trouverais bien embarrassée. Une princesse n'a que sa parole, me dirait-il, et il faut que vous m'épousiez, puisque vous me l'avez promis; mais comme celui à qui je parle est l'homme du monde qui a le plus d'esprit, je suis sûre qu'il entendra raison. Vous savez que, quand j'étais bête, je ne pouvais néanmoins me résoudre à vous épouser; comment voulez-vous qu'ayant l'esprit que vous m'avez donné, qui me rend encore plus difficile en gens que je n'étais, je prenne aujourd'hui une .décision que je n'ai pu prendre dans ce temps-là? Si vous pensiez tout de bon à m'épouser, vous avez eu grand tort de m'ôter ma bêtise, et de me faire voir plus clair que je ne voyais.»

-» Si un homme sans esprit», répondit Riquet à la houppe,»serait bien reçu, comme vous venez de le dire, à vous reprocher votre manque de parole, pourquoi voulez-vous, Madame, que je n'en use pas de même, dans une chose où il y va de tout le bonheur de ma vie? Est-il raisonnable que ceux qui ont de l'esprit soient d'une pire condition que ceux qui n'en ont pas? Pouvez-vous le prétendre, vous qui en avez tant, et qui avez tant souhaité d'en avoir? Mais venons au fait, s'il vous plaît: à la réserve de ma laideur, y a-t-il quelque chose en moi qui vous déplaise? Etes-vous mal contente de ma naissance, de mon esprit, de mon humeur, et de mes manières?»

-»Nullement», répondit la princesse, «j'aime en vous tout ce que vous venez de me dire.»

-»Si cela est ainsi», reprit Riquet à la houppe, «je vais être heureux, puisque vous pouvez me rendre le plus aimable de tous les hommes.»

-»Comment cela se peut-il ?» lui dit la Princesse.

-»Cela se fera», répondit Riquet à la houppe, «si vous m'aimez assez pour souhaiter que cela soit; et afin, Madame, que vous n'en doutiez pas, sachez que la même fée qui au jour de ma naissance me fit le don de pouvoir rendre spirituelle qui me plairait, vous a aussi fait le don de pouvoir rendre beau celui que vous aimerez, et à qui vous voudrez bien faire cette faveur.»

-»Si la chose est ainsi», dit la princesse, «je souhaite de tout mon coeur que vous deveniez le prince du monde le plus beau et le plus aimable; et je vous en fais le don autant qu'il m'est possible."

****

La princesse n'eut pas plus tôt prononcé ces paroles, que Riquet à la houppe parut à ses yeux l'homme du monde le plus beau, le mieux fait, et le plus aimable qu'elle eût jamais vu. Quelques-uns assurent que ce ne furent point les charmes de la fée qui opérèrent, mais que l'amour seul fit cette métamorphose. Ils disent que la princesse ayant fait réflexion sur la persévérance de son amant, sur sa discrétion, et sur toutes les bonnes qualités de son âme et de son esprit, ne vit plus la difformité de son corps, ni la laideur de son visage, que sa bosse ne lui sembla plus que le bon air d'un homme qui fait le gros dos; et qu'au lieu que jusqu'alors elle l'avait vu boiter effroyablement, elle ne lui trouva plus qu'un certain air penché qui la charmait; ils disent encore que ses yeux, qui étaient louches, ne lui en parurent que plus brillants, que leur dérèglement passa dans son esprit pour la marque d'un violent excès d'amour, et qu'enfin son gros nez rouge eut pour elle quelque chose de martial et d'héroïque. Quoi qu'il en soit, la princesse lui promit sur-le-champ de l'épouser, pourvu qu'il en obtint le consentement du roi son père. Le roi ayant su que sa fille avait beaucoup d'estime pour Riquet à la houppe, qu'il connaissait d'ailleurs pour un prince très spirituel et très sage, le reçut avec plaisir pour son gendre. Dès le lendemain les noces furent faites, ainsi que Riquet à la houppe l'avait prévu, et selon les ordres qu'il en avait donnés longtemps auparavant.

Ricky of the Tuft

Once upon a time there was a queen who bore a son so ugly and misshapen that for some time it was doubtful if he would have human form at all. But a fairy who was present at his birth promised that he should have plenty of brains, and added that by virtue of the gift which she had just bestowed upon him he would be able to impart to the person whom he should love best the same degree of intelligence which he possessed himself.

This somewhat consoled the poor queen, who was greatly disappointed at having brought into the world such a hideous brat. And indeed, no sooner did the child begin to speak than his sayings proved to be full of shrewdness, while all that he did was somehow so clever that he charmed everyone.

I forgot to mention that when he was born he had a little tuft of hair upon his head. For this reason he was called Ricky of the Tuft, Ricky being his family name.

Some seven or eight years later the queen of a neighboring kingdom gave birth to twin daughters. The first one to come into the world was more beautiful than the dawn, and the queen was so overjoyed that it was feared her great excitement might do her some harm. The same fairy who had assisted at the birth of Ricky of the Tuft was present, and in order to moderate the transports of the queen she declared that this little princess would have no sense at all, and would be as stupid as she was beautiful. The queen was deeply mortified, and a moment or two later her chagrin became greater still, for the second daughter proved to be extremely ugly.

"Do not be distressed, Madam," said the fairy. "Your daughter shall be recompensed in another way. She shall have so much good sense that her lack of beauty will scarcely be noticed."

"May Heaven grant it!" said the queen. "But is there no means by which the elder, who is so beautiful, can be endowed with some intelligence?"

"In the matter of brains I can do nothing for her, Madam," said the fairy, "but as regards beauty I can do a great deal. As there is nothing I would not do to please you, I will bestow upon her the power of making beautiful any person who shall greatly please her."

As the two princesses grew up their perfections increased, and everywhere the beauty of the elder and the wit of the younger were the subject of common talk.

It is equally true that their defects also increased as they became older. The younger grew uglier every minute, and the elder daily became more stupid. Either she answered nothing at all when spoken to, or replied with some idiotic remark. At the same time she was so awkward that she could not set four china vases on the mantelpiece without breaking one of them, nor drink a glass of water without spilling half of it over her clothes.

Now although the elder girl possessed the great advantage which beauty always confers upon youth, she was nevertheless outshone in almost all company by her younger sister. At first everyone gathered round the beauty to see and admire her, but very soon they were all attracted by the graceful and easy conversation of the clever one. In a very short time the elder girl would be left entirely alone, while everybody clustered round her sister.

The elder princess was not so stupid that she was not aware of this, and she would willingly have surrendered all her beauty for half her sister's cleverness. Sometimes she was ready to die of grief for the queen, though a sensible woman, could not refrain from occasionally reproaching her for her stupidity.

The princess had retired one day to a wood to bemoan her misfortune, when she saw approaching her an ugly little man, of very disagreeable appearance, but clad in magnificent attire.

This was the young prince Ricky of the Tuft. He had fallen in love with her portrait, which was everywhere to be seen, and had left his father's kingdom in order to have the pleasure of seeing and talking to her.

Delighted to meet her thus alone, he approached with every mark of respect and politeness. But while he paid her the usual compliments he noticed that she was plunged in melancholy.

"I cannot understand, madam," he said, "how anyone with your beauty can be so sad as you appear. I can boast of having seen many fair ladies, and I declare that none of them could compare in beauty with you."

"It is very kind of you to say so, sir," answered the princess; and stopped there, at a loss what to say further.

"Beauty," said Ricky, "is of such great advantage that everything else can be disregarded; and I do not see that the possessor of it can have anything much to grieve about."

To this the princess replied, "I would rather be as plain as you are and have some sense, than be as beautiful as I am and at the same time stupid."

"Nothing more clearly displays good sense, madam, than a belief that one is not possessed of it. It follows, therefore, that the more one has, the more one fears it to be wanting."

"I am not sure about that," said the princess; "but I know only too well that I am very stupid, and this is the reason of the misery which is nearly killing me."

"If that is all that troubles you, madam, I can easily put an end to your suffering."

"How will you manage that?" said the princess.

"I am able, madam," said Ricky of the Tuft, "to bestow as much good sense as it is possible to possess on the person whom I love the most. You are that person, and it therefore rests with you to decide whether you will acquire so much intelligence. The only condition is that you shall consent to marry me."

The princess was dumfounded, and remained silent.

"I can see," pursued Ricky, "that this suggestion perplexes you, and I am not surprised. But I will give you a whole year to make up your mind to it."

The princess had so little sense, and at the same time desired it so ardently, that she persuaded herself the end of this year would never come. So she accepted the offer which had been made to her. No sooner had she given her word to Ricky that she would marry him within one year from that very day, than she felt a complete change come over her. She found herself able to say all that she wished with the greatest ease, and to say it in an elegant, finished, and natural manner. She at once engaged Ricky in a brilliant and lengthy conversation, holding her own so well that Ricky feared he had given her a larger share of sense than he had retained for himself.

On her return to the palace amazement reigned throughout the court at such a sudden and extraordinary change. Whereas formerly they had been accustomed to hear her give vent to silly, pert remarks, they now heard her express herself sensibly and very wittily.

The entire court was overjoyed. The only person not too pleased was the younger sister, for now that she had no longer the advantage over the elder in wit, she seemed nothing but a little fright in comparison.

The king himself often took her advice, and several times held his councils in her apartment.

The news of this change spread abroad, and the princes of the neighboring kingdoms made many attempts to captivate her. Almost all asked her in marriage. But she found none with enough sense, and so she listened to all without promising herself to any.

At last came one who was so powerful, so rich, so witty, and so handsome, that she could not help being somewhat attracted by him. Her father noticed this, and told her she could make her own choice of a husband. She had only to declare herself. Now the more sense one has, the more difficult it is to make up one's mind in an affair of this kind. After thanking her father, therefore, she asked for a little time to think it over. In order to ponder quietly what she had better do she went to walk in a wood -- the very one, as it happened, where she had encountered Ricky of the Tuft.

While she walked, deep in thought, she heard beneath her feet a thudding sound, as though many people were running busily to and fro. Listening more attentively she heard voices. "Bring me that boiler," said one; then another, "Put some wood on that fire!"

At that moment the ground opened, and she saw below what appeared to be a large kitchen full of cooks and scullions, and all the train of attendants which the preparation of a great banquet involves. A gang of some twenty or thirty spit- turners emerged and took up their positions round a very long table in a path in the wood. They all wore their cook's caps on one side, and with their basting implements in their hands they kept time together as they worked, to the lilt of a melodious song.

The princess was astonished by this spectacle, and asked for whom their work was being done.

"For Prince Ricky of the Tuft, madam," said the foreman of the gang. "His wedding is tomorrow."

At this the princess was more surprised than ever. In a flash she remembered that it was a year to the very day since she had promised to marry Prince Ricky of the Tuft, and was taken aback by the recollection. The reason she had forgotten was that when she made the promise she was still without sense, and with the acquisition of that intelligence which the prince had bestowed upon her, all memory of her former stupidities had been blotted out.

She had not gone another thirty paces when Ricky of the Tuft appeared before her, gallant and resplendent, like a prince upon his wedding day.

"As you see, madam," he said, "I keep my word to the minute. I do not doubt that you have come to keep yours, and by giving me your hand to make me the happiest of men."

"I will be frank with you," replied the princess. "I have not yet made up my mind on the point, and I am afraid I shall never be able to take the decision you desire."

"You astonish me, madam," said Ricky of the Tuft.

"I can well believe it," said the princess, "and undoubtedly, if I had to deal with a clown, or a man who lacked good sense, I should feel myself very awkwardly situated. 'A princess must keep her word,' he would say, 'and you must marry me because you promised to!' But I am speaking to a man of the world, of the greatest good sense, and I am sure that he will listen to reason. As you are aware, I could not make up my mind to marry you even when I was entirely without sense; how can you expect that today, possessing the intelligence you bestowed on me, which makes me still more difficult to please than formerly, I should take a decision which I could not take then? If you wished so much to marry me, you were very wrong to relieve me of my stupidity, and to let me see more clearly than I did."

"If a man who lacked good sense," replied Ricky of the Tuft, "would be justified, as you have just said, in reproaching you for breaking your word, why do you expect, madam, that I should act differently where the happiness of my whole life is at stake? Is it reasonable that people who have sense should be treated worse than those who have none? Would you maintain that for a moment -- you, who so markedly have sense, and desired so ardently to have it? But, pardon me, let us get to the facts. With the exception of my ugliness, is there anything about me which displeases you? Are you dissatisfied with my breeding, my brains, my disposition, or my manners?"

"In no way," replied the princess. "I like exceedingly all that you have displayed of the qualities you mention."

"In that case," said Ricky of the Tuft, "happiness will be mine, for it lies in your power to make me the most attractive of men."

"How can that be done?" asked the princess.

"It will happen of itself," replied Ricky of the Tuft, "if you love me well enough to wish that it be so. To remove your doubts, madam, let me tell you that the same fairy who on the day of my birth bestowed upon me the power of endowing with intelligence the woman of my choice, gave to you also the power of endowing with beauty the man whom you should love, and on whom you should wish to confer this favor."

"If that is so," said the princess, "I wish with all my heart that you may become the handsomest and most attractive prince in the world, and I give you without reserve the boon which it is mine to bestow."

No sooner had the princess uttered these words than Ricky of the Tuft appeared before her eyes as the handsomest, most graceful and attractive man that she had ever set eyes on.

Some people assert that this was not the work of fairy enchantment, but that love alone brought about the transformation. They say that the princess, as she mused upon her lover's constancy, upon his good sense, and his many admirable qualities of heart and head, grew blind to the deformity of his body and the ugliness of his face; that his humpback seemed no more than was natural in a man who could make the courtliest of bows, and that the dreadful limp which had formerly distressed her now betokened nothing more than a certain diffidence and charming deference of manner. They say further that she found his eyes shine all the brighter for their squint, and that this defect in them was to her but a sign of passionate love; while his great red nose she found naught but martial and heroic.

However that may be, the princess promised to marry him on the spot, provided only that he could obtain the consent of her royal father.

The king knew Ricky of the Tuft to be a prince both wise and witty, and on learning of his daughter's regard for him, he accepted him with pleasure as a son-in-law.

The wedding took place upon the morrow, just as Ricky of the Tuft had foreseen, and in accordance with the arrangements he had long ago put in train.

Les souhaits ridicules

Si vous étiez moins raisonnable.
Je me garderais bien de venir vous conter
La folle et peu galante fable
Que je m'en vais vous débiter.
Une aune de boudin en fournit la matière.
''Une aune de boudin, ma chère!
Quelle pitié! c'est une horreur!'',.
S'écriait une précieuse,
Qui, toujours tendre et sérieuse,
Ne veut ouïr parler que d'affaires de coeur.
Mais vous qui mieux qu'âme qui vive
Savez charmer en racontant,
Et dont l'expression est toujours si naïve,
Que l'on croit voir ce qu'on entend;
Qui savez que c'est la manière
Dont quelque chose est inventé,
Qui beaucoup plus que la matière
De tout récit fait la beauté.
Vous aimerez ma fable et sa moralité;
J'en ai, j'ose le dire, une assurance entière.

Il était une fois un pauvre bûcheron
Qui las de sa pénible vie,
Avait, disait-il, grande envie
De s'aller reposer aux bords de l'Achéron;
Représentant, dans sa douleur profonde,
Que depuis qu'il était au monde,
Le Ciel cruel n'avait jamais
Voulu remplir un seul de ses souhaits.

Un jour que, dans le bois, il se mit à se plaindre,
A lui, la foudre en main, Jupiter s'apparut.
On aurait peine à bien dépeindre
La peur que le bonhomme en eut:
''Je ne veux rien, dit-il, en se jetant par terre,
Point de souhaits, point de Tonnerre,
Seigneur, demeurons but à but.

-- Cesse d'avoir aucune crainte:
Je viens, dit Jupiter, touché de ta complainte,
Te faire voir le tort que tu me fais.
Ecoute donc: je te promets,
Moi qui du monde entier suis le souverain maître,
D'exaucer pleinement les trois premiers souhaits

Les souhaits ridicules

Que tu voudras former sur quoi que ce puisse être.
Vois ce qui peut te rendre heureux.
Vois ce qui peut te satisfaire;
Et comme ton bonheur dépend tout de tes voeux,
Songes-y bien avant que de les faire."

A ces mots Jupiter dans les cieux remonta,
Et le gai bûcheron, embrassant sa falourde,
Pour retourner chez lui sur son dos la jeta.
Cette charge jamais ne lui parut moins lourde.
"Il ne faut pas, disait-il en trottant,
Dans tout ceci, rien faire à la légère;
Il faut, le cas est important,
En prendre avis de notre ménagère.
Çà dit-il, en entrant sous son toit de fougère,
Faisons, Fanchon, grand feu, grand chère,
Nous sommes riches à jamais,
Et nous n'avons qu'à faire des souhaits."
Là-dessus tout au long le fait il lui raconte.
A ce récit, l'épouse vive et prompte
Forma dans son esprit mille vastes projets;
Mais considérant l'importance
De s'y conduire avec prudence:
"Blaise, mon cher ami, dit-elle à son époux,
Ne gâtons rien par notre impatience;
Examinons bien entre nous
Ce qu'il faut faire en pareille occurrence;
Remettons à demain notre premier souhait
Et consultons notre chevet.

-- Je l'entends bien ainsi, dit le bonhomme Blaise.
Mais va tirer du vin derrière ces fagots."
A son retour il but, et goûtant à son aise
Près d'un grand feu la douceur du repos,
Il dit, en s'appuyant sur le dos de sa chaise:
"Pendant que nous avons une si bonne braise,
Qu'une aune de boudin viendrait bien à propos!"
A peine acheva-t-il de prononcer ces mots,
Que sa femme aperçut, grandement étonnée,
Un boudin fort long, qui partant
D'un des coins de la cheminée,
S'approchait d'elle en serpentant.
Elle fit un cri dans l'instant;
Mais jugeant que cette aventure
Avait pour cause le souhait
Que par bêtise toute pure
Son homme imprudent avait fait,
Il n'est point de pouille et d'injure
Que de dépit et de courroux

Elle ne dit au pauvre époux.
''Quand on peut, disait-elle, obtenir un empire,
De l'or, des perles, des rubis,
Des diamants, de beaux habits,
Est-ce alors du boudin qu'il faut que l'on désire?
-- Hé bien, j'ai tort, dit-il, j'ai mal placé mon choix,
J'ai commis une faute énorme,
Je ferai mieux une autre fois.
-- Bon, bon, dit-elle, attendez-moi sous l'orme,
Pour faire un tel souhait, il faut être bien boeuf!''
L'époux plus d'une fois, emporté de colère,
Pensa faire tout bas le souhait d'être veuf,
Et peut-être, entre nous, ne pouvait-il mieux faire:
''Les hommes, disait-il, pour souffrir sont bien nés!
Peste soit du boudin et du boudin encore;
Plût à Dieu, maudite pécore,
Qu'il te pendît au bout du nez!''

La prière aussitôt du Ciel fut écoutée,
Et dès que le mari la parole lâcha,
Au nez de l'épouse irritée
L'aune de boudin s'attacha.
Ce prodige imprévu grandement le fâcha.
Fanchon était jolie, elle avait bonne grâce,
Et pour dire sans fard la vérité du fait,
Cet ornement en cette place
Ne faisait pas un bon effet;
Si ce n'est qu'en pendant sur le bas du visage,
Il l'empêchait de parler aisément.
Pour un époux merveilleux avantage,
Et si grand qu'il pensa dans cet heureux moment
Ne souhaiter rien davantage.
''Je pourrais bien, disait-il à part soi,
Après un malheur si funeste,
Avec le souhait qui me reste,
Tout d'un plein saut me faire roi.
Rien n'égale, il est vrai, la grandeur souveraine;
Mais encore faut-il songer
Comment serait faite la reine,
Et dans quelle douleur ce serait la plonger
De l'aller placer sur un trône
Avec un nez plus long qu'une aune.
Il faut l'écouter sur cela,
Et qu'elle-même elle soit la maîtresse
De devenir une grande Princesse
En conservant l'horrible nez qu'elle a,
Ou de demeurer Bûcheronne
Avec un nez comme une autre personne,
Et tel qu'elle l'avait avant ce malheur-là.''

Les souhaits ridicules

La chose bien examinée,
Quoiqu'elle sût d'un sceptre et la force et l'effet,
Et que, quand on est couronnée,
On a toujours le nez bien fait;
Comme au désir de plaire il n'est rien qui ne cède,
Elle aima mieux garder son bavolet
Que d'être reine et d'être laide.

Ainsi le bûcheron ne changea point d'état,
Ne devint point grand potentat,
D'écus ne remplit point sa bourse:
Trop heureux d'employer le souhait qui restait,
Faible bonheur, pauvre ressource,
A remettre sa femme en l'état qu'elle était.

Bien est donc vrai qu'aux hommes misérables,
Aveugles, imprudents, inquiets, variables,
Pas n'appartient de faire des souhaits,
Et que peu d'entre eux sont capables
De bien user des dons que le Ciel leur a faits.

The Ridiculous Wishes

*I*n days long past there lived a poor woodcutter who found life very hard. Indeed, it was his lot to toil for little guerdon, and although he was young and happily married there were moments when he wished himself dead and below ground.

One day while at his work he was again lamenting his fate. "Some men," he said, "have only to make known their desires, and straightway these are granted, and their every wish fulfilled; but it has availed me little to wish for ought, for the gods are deaf to the prayers of such as I."

As he spoke these words there was a great noise of thunder, and Jupiter appeared before him wielding his mighty thunderbolts. Our poor man was stricken with fear and threw himself on the ground.

"My lord," he said, "forget my foolish speech; heed not my wishes, but cease thy thundering!"

"Have no fear," answered Jupiter; "I have heard thy plaint, and have come hither to show thee how greatly thou dost wrong me. Hark! I, who am sovereign lord of this world, promise to grant in full the first three wishes which it will please thee to utter, whatever these may be. Consider well what things can bring thee joy and prosperity, and as thy happiness is at stake, be not over-hasty, but revolve the matter in thy mind."

Having thus spoken Jupiter withdrew himself and made his ascent to Olympus. As for our woodcutter, he blithely corded his faggot, and throwing it over his shoulder, made for his home. To one so light of heart the load also seemed light, and his thoughts were merry as he strode along. Many a wish came into his mind, but he was resolved to seek the advice of his wife, who was a young woman of good understanding.

He had soon reached his cottage, and casting down his faggot: "Behold me, Fanny," he said. "Make up the fire and spread the board, and let there be no stint. We are wealthy, Fanny, wealthy for evermore; we have only to wish for whatsoever we may desire."

Thereupon he told her the story of what had befallen that day. Fanny, whose mind was quick and active, immediately conceived many plans for the advancement of their fortune, but she approved her husband's resolve to act with prudence and circumspection.

"'Twere a pity," she said, "to spoil our chances through impatience. We had best take counsel of the night, and wish no wishes until tomorrow."

"That is well spoken," answered Harry. "Meanwhile fetch a bottle of our best, and we shall drink to our good fortune."

Fanny brought a bottle from the store behind the faggots, and our man enjoyed his ease, leaning back in his chair with his toes to the fire and his goblet in his hand.

"What fine glowing embers!" he said, "and what a fine toasting fire! I wish we had a black pudding at hand."

The Ridiculous Wishes

Hardly had he spoken these words when his wife beheld, to her great astonishment, a long black pudding which, issuing from a corner of the hearth, came winding and wriggling towards her. She uttered a cry of fear, and then again exclaimed in dismay, when she perceived that this strange occurrence was due to the wish which her husband had so rashly and foolishly spoken. Turning upon him, in her anger and disappointment she called the poor man all the abusive names that she could think of.

"What!" she said to him, "when you can call for a kingdom, for gold, pearls, rubies, diamonds, for princely garments and wealth untold, is this the time to set your mind upon black puddings!"

"Nay!" answered the man, "'twas a thoughtless speech, and a sad mistake; but I shall now be on my guard, and shall do better next time."

"Who knows that you will?" returned his wife. "Once a witless fool, always a witless fool!" and giving free rein to her vexation and ill-temper she continued to upbraid her husband until his anger also was stirred, and he had wellnigh made a second bid and wished himself a widower.

"Enough! woman," he cried at last; "put a check upon thy froward tongue! Who ever heard such impertinence as this! A plague on the shrew and on her pudding! Would to heaven it hung at the end of her nose!"

No sooner had the husband given voice to these words than the wish was straightway granted, and the long coil of black pudding appeared grafted to the angry dame's nose.

Our man paused when he beheld what he had wrought. Fanny was a comely young woman, and blest with good looks, and truth to tell, this new ornament did not set off her beauty. Yet it offered one advantage, that as it hung right before her mouth, it would thus effectively curb her speech.

So, having now but one wish left, he had all but resolved to make good use of it without further delay, and, before any other mischance could befall, to wish himself a kingdom of his own. He was about to speak the word, when he was stayed by a sudden thought.

"It is true," he said to himself, "that there is none so great as a king, but what of the queen that must share his dignity? With what grace would she sit beside me on the throne with a yard of black pudding for a nose?"

In this dilemma he resolved to put the case to Fanny, and to leave her to decide whether she would rather be a queen, with this most horrible appendage marring her good looks, or remain a peasant wife, but with her shapely nose relieved of this untoward addition.

Fanny's mind was soon made up: Although she had dreamt of a crown and sceptre, yet a woman's first wish is always to please. To this great desire all else must yield, and Fanny would rather be fair in drugget than be a queen with an ugly face.

Thus our woodcutter did not change his state, did not become a potentate, nor fill his purse with golden crowns. He was thankful enough to use his remaining wish to a more humble purpose, and forthwith relieved his wife of her encumbrance.

Conclusion

*T*hank you for purchasing a copy of this adult coloring book. It is the first of its kind for Talk in French, and your support is truly valued.

We hope that you enjoyed your time with the illustrations, the scenes depicted in the art, as well as the accompanying music. A lot of effort has gone into the production of this book, but if you have any comments or suggestions that you think would make it even better, please do not hesitate to let me know. You can reach me directly at contact@talkinfrench.com. I am very interested to hear what you have to say.

If you found this coloring book enjoyable, please leave a review on Amazon. It would be highly appreciated. Also, if you need further information about French culture or if you want to learn to speak French, you are always welcome to visit www.talkinfrench.com. It has a growing list of articles and resources that will help you in every aspect of French language and culture.

You can also reach out to Talk in French on social media: Facebook, Twitter, Google+, Pinterest, and Instagram.

Once again, thank you very much.

Frédéric BIBARD